新米自治会長

奮闘記

こんなところに共助の火種

まえがき

当財団では二〇一二（平成二四）年から、住まいやまちづくりの専門家および実務家による研究や実践の成果をまとめ、それぞれのテーマについて、読者が自ら考えていただくキッカケとなることを願い、「住総研住まい読本シリーズ」を発刊しております。第一巻『第三の住まい―コレクティブハウジングのすべて』、第二巻『住みつなぎのススメ―高齢社会をともに住む・地域に住む』に続き、今回発刊の運びとなりましたのが、この『新米自治会長奮闘記―こんなところに共助の火種』です。一見、住まいに関わりのないように見えるテーマですが、世界で類を見ない勢いで進んでいる我が国の、少子高齢化や長寿命化に伴う人口減少を背景にした縮小化社会のもとで、「敷地に価値なし、地域に価値あり」「消費する住まいから、使いこなす住まいへ」「もの（住まい）から、こと（暮らし方）へ」な

どの言葉に象徴しているように、「これからの住まいのあり方」が問われています。そこで、シリーズ第三巻を「今や、住まいは地域との密接な関係なくして成り立たない」との認識に立ち、地域に根を張った自治活動から住まいの問題を説き起こしてみようと、発刊を試みたものです。

今回、登場いただく握千九答（あくせんくとう）氏は、四〇年以上にわたり建築設計に携わってきた経験の持ち主で、転職後の勤務の傍ら、平成二四年の一年間、地元自治会で会長を務められました。本書は、同氏が経験した自治会での活動について生々しいエピソードを交えての実体験、そして活動の背景やねらいについて語っていただくものです。

まず、前半では会長にのめり込んでいく様子が語られ、続いて、会長に正式に就任する総会までの三か月間の助走期間に、すぐに始まる活動を想い巡らし煩悶する様子が、さらに本論と言うべき「住民交流事業と位置付けた防災活

動」を、エピソードを交えて紹介。そののちに、活動が地域に広がる様子とともに、握千九答氏が新たに気付いた地域の課題や行政との協働への疑問が語られ、後半では、垣間見た少しの展望と、活動に隠された本当のねらいが明かされるというものです。

全体を通して、「自治とは何か？」「地域コミュニティとは？」「何のための活動か？」「行政との関わり方は？」「地域と住まいの関係は？」と、エピソードを挟みながら自問自答する筋書きは、じつは一つ一つが握千九答氏から読者への問いかけであるようです。しかし、その答えは示されていません。地域ごとに異なる条件のもとでは、同じ解決の方法など見当たるはずもなく、「地域の実情に照らした読者に考えていただく」、いわば「考えるための素材提供」です。そして、握千九答氏の奮闘記と並んで、千葉大学の木下勇教授から、補論として「地域ガバナンスと町内会・自治会」が寄せられています。

この書籍の発刊の目的の一つは、握千九答氏が、疑問を持ちつつ、取り巻く状況と奮闘してきた自治会活動そのものの話ですから、是非、町内会・自治会活動に関わりのある多くの住民の方々や、そして町内会・自治会に関わる行政の方々にお読みいただき、「自治とは何か？」を考える機会にしていただきたいということです。そして、二つ目は、まちづくりや住まいづくりに関わる研究者や実務家に、自治会活動の一端に触れていただき、まちづくりや住まいづくりの取り組み方について見直す機会にしていただきたいということです。

この書を通して、「自治活動とは何か」「地域と住まいの関係」を読み解いていただき、日頃のみなさまの活動に活かしていただければ幸いです。

二〇一三（平成二五）年一〇月一五日
編者　一般財団法人 住総研

新米自治会長奮闘記　もくじ
―こんなところに共助の火種

I

丘の上自治会物語

丘の上自治会・元会長　握千九答

プロローグ——このまちをふるさとにしたい

郊外の丘の上に広がる住宅地

都心から電車で一時間ほどの郊外、田丸市南部に位置する山川学園地区の小さな丘の上に広がる住宅地。ここが私の住むところで、今回の「新米自治会長奮闘記」の舞台です。この本では、ここを「丘の上住宅」と呼ぶことにして、登場するまちや人物はすべて仮名とさせていただきます。

さて、丘の上住宅は、明治から終戦直後にかけて個人が切り開いた七ヘクタールほどの私園でした。それが戦後の農地解放によって、この地を彩っていた梅林は跡形もなくなり、やがて昭和三〇年代の後半、郊外に急速に広がる都市化とともに土地は売られ、大型ブルドーザーで住宅地に造成されました。高度経済成長期を目前に控えた昭和三〇年後半には都市化の影響を受け、戸建て住宅分譲地として建設され、住宅地を貫くわずかな道以外には昔の面影を残すものはなく、私鉄沿線の住宅地によく見られる何の変哲もない光景に変わってしまいました。

整然と区画された敷地に、同じような平屋の住宅が建ち並ぶ恐ろしいほど画一的な風景です。七〇〜九〇坪の敷地に、当時としては広めの約二〇坪（六〇平方メートル強）の建売住宅が建てられ、そこに都心や各地から集まってきた新婚早々の人たちや子ども連れの若い家族が住み始めました。銀行員や役所勤め、学識経験者などの比較的「堅い職業」の人たちが、同じような価値観やライフスタイルを持ち、同じ通勤電車に揺られて都心に通う、典型的なベッドタウンとなりました。保育園や幼稚園はおろか、小学校も中学校も商店街もない純粋な住宅地です。

昭和四〇年頃に、二〇〇を少し超える程度の会員で構成された「丘の上自治会」が誕生しました。当時はよそ者だけで構成された新しい住宅地ですから、同時に住み始めたことや似たような家族構成、そして住宅地内の共有地の権利を分有して管理してきたことなどから、住民間の結束力は強かったようです。

また、丘の上住宅の完成時には下水道はなく、地域内の高架水槽から水を引き、下水は数か所あった浄化槽で処理されていました。当時の自治会館用地や浄化槽用地などのこうした共有地の権利は、住民が団地管理組合員として保有し、名義を持ち回りで登記してきたことから、設立以来、自治意識の強さが伝統となっていったのでしょう。

その後、丘の上住宅は半世紀の間に、最初から住み続けている第一世代（以下、原住）、その子どもたち（以下、第二世代）、創立後しばらくして転入し、三〇年近く住み続けている住民（以下、古参）、住み始めて一〇年程度の住民（以下、新参）が混じり合って暮らす、そして地元工務店やらハウスメーカーによるさまざまな形の住まいが混在する住宅地に変化しました。その結果、丘の上自治会の会員数は、周縁部の住戸を取り込み、また宅地の分割による住戸数の増加で、今や二五〇近くに増えています。

回り巡ってきた自治会長

丘の上自治会は、設立から今まで、世帯の人数にかかわらず一区画一会員で構成されているものの、子ども家族と二世帯で住む会員、子どもが家を離れたのちに夫婦だけで住む会員、高齢会員の一人住まいと、会員の入れ替わりとともに世帯は多様化し、世帯数では二八〇近くに増えています。そして一九九一（平成三）年の地方自治法の改正を受けて、田丸市内の自治組織のうち一〇分の一程度に過ぎない認可地縁団体（注1）として認可され、共有地である防災ひろばや自治会館用地と自治会館の建物を自治会の所有物として、名実ともに自ら管理することができるようになりました。

丘の上自治会では現在、自治会役員を一年交代の輪番制にしています。気楽に、誰もが参加でき、情報を共有し、まちに関わる力が全体に広がることが輪番制の魅力ですが、長期的な取り組みがしにくい、積み重ねによる大きな変化が期待できない、効率が悪いなどの欠点もあります。

この丘の上自治会に住む私こと・握千九答（あくせんくとう）は、丘の上住宅に住んで三〇年。両親が暮らし始めた一〇年ののちに転居してきた、いわゆる第二世代です。そして、二〇年ぶりに輪番制で、突然、役員が回ってきました。もうすぐ古希を迎え、悠々自適の生活を送ろうとしていた矢先、自治会長を務める羽目になったのです。東日本大震災発生から一年後のことです。

私は、四〇年以上に渡り勤めてきた企業を数年前に退職し、今はある財団に勤務しています。人生の大部分を、顧客からの要望を叶える仕事が中心でしたから、地域の課題を自主的に考えて活動することは、ほとんど素人。最初は躊躇したものの、自ら住む地域に貢献したことはなく、こうした反省を踏まえ、そして、常々中国の故事にある「万変を処するに、一敬を主とする（変

【注】

（1）認可地縁団体とは、地方自治法第二六〇条の二で定められた要件を満たすことによって得られる法人格を取得した団体を指し、全国に約二七万ある自治会町内会の約一割程度が取得しています。

化に対応するに当たり、一つの信念をもって当たる）」を人生哲学にして生きてきたからには、地域社会に起きる百の変化も、万の変化も対応できる。恐れるものはないと思ったことが、今回の自治会活動に飛び込んだキッカケです。なんとも理屈っぽい話ですが…。

火種を煽って自らも燃えて

以下に続くエピソードでは、私・握千九答と仲間たちが、自分たちが住むまちの自治会活動に関わることになって、防災や月報づくりなどの自治会活動と、行政から否応なしに押しつけられてくる待ったなしの課題をこなしながら、悪戦苦闘した活動ぶりを紹介したいと思います。

また自治会を取り巻く状況の変化に、「自治とは何か？」を改めて問い直すとともに、その合間に時折浮かんでは消えた「このまちをふるさとにしたい」というぼんやりした期待を抱きながら、「何とかせにゃならん」と真剣に考えては打開の道を探る。地域住民で何とかしたいという解決策（共助）の火種を見つけては火種を煽って、自らも新たなるエネルギーを燃やす。いわば一年間の活動記録です。

地域には、町内会・自治会などの団体や特定非営利活動法人（ＮＰＯ法人）、株式会社、社団法人・財団法人など、さまざまな形態の団体が、住民生活の向上や地域活性化の分野で活動しています。町内会・自治会は、地域に起こる多様な課題を解決し、住民相互の親睦を図ることを目的に自主的に組織された、任意の住民団体です。

今日の町内会・自治会は、明治時代に、伝染病予防のために作られた公的組織「衛生組合」がその起源とされています。関東大震災を経て、「青年会」や「町内会」などが任意団体として生まれ、自治活動を行うようになりました。一九四〇（昭和一五）年には内務省より「部落会町内会等整備要綱」が出され、「町内会」は行政組織として全国的に整備されていきました。そして終戦後、占領軍の民主政策に基づいて「町内会」は解体されましたが、サンフランシスコ講和条約の発効に伴って一九五二（昭和二七）年ごろから「町内会」の再編成が進み、町内会・自治会組織が再び地域で活動するようになりました。

現在も地域の多くの住民が会員として加入し、防災活動、防犯活動、健康づくり、地域ケア活動、美化活動、夏祭りの開催など、地域のニーズに応える活動を行っています。

防災活動の棚卸しを目指して

役員の得意技探し

春先になると、どこの自治組織も次の役員選びにソワソワし始めます。「あの人がやらなかったらどうしよう」と、不安に掻き立てられるのがこの季節。面倒だし、手間だし、大事だとわかっていても、役員になることが嫌で自治組織に入りたがらない住民もいます。行政は自治会や町内会への加入をしきりに勧めます。それでも、住民は「向うは仕事、こちらは無償奉仕」と役所と自治会の関係を冷めた目で見る。あるいは「何が得なの」と打算的に見ている住民が結構多いと聞きます。誰だって退職後はのんびり過ごしたいし、まして勤務をしながらの「二足のわらじの役員」をしたからといって、勤務先から評価されないことくらい誰だって知っています。だからこの時期は、嵐が過ぎるのをじっーと待つ、嫌な季節なのです。

しかし、ここの丘の上自治会の役員は輪番制です。一年任期が順番に回ってきます。誰が役員になるかあらかじめ決まっている、いたってシンプルで民主的な方法です。そして、私・握千九

答にも、二〇年ぶりにその順番が回ってきたのです。
二〇一一年の年の瀬も迫った頃、なぜか道で出会う近所のおばさんたちの愛想がいい。「変だな」と思っていたら、「家内の介護をしているからとか、八〇歳以上だからとかで役員の成り手がいない。少し順番が早いけれど、お宅のご主人に役員当番を引き受けてもらえないかしら」との呼びかけに、家内がどうもいい返事をしたらしいのです。そうとわかったからには後に引けません。
私を含め、四月から役員になる一〇名の候補者が自治会館に集められたのは、それからしばらくした寒い一月の末のことです。一年任期の丘の上自治会役員は、いつの頃からか、四月までの期間を「助走期間」と称して、早めに役割を決めて準備をすることになっていました。つまりは、一月末の時点で四月から始まる各役員の役割を決めるのです。初めて会ったその日に、一年の命運が決まります。「役割によって一年間の過ごし方が変わる」

「とくに最近の〈会長〉は、仕事が多くて敬遠され気味」と誰彼となく噂していましたから、できることなら「会長だけは避けたい！」。私だけでなく誰もがそう思って席に着いたのです。一方で、かつて女性が会長になったことはありませんから、「会長になることは絶対にない」と確信しているおばさんたちは気楽です。早々にぺちゃくちゃお喋りを始めています。その様子をじーっと覗う四人のおじさんたち。私も同じように不安を押し殺し、会合の始まりをまんじりともせずに待っていたところ、「座長お願いできますか」と、当時の丘の上自治会長・富山さんから突然振られて「我」に返りました。「はい、司会だけでしたら」と気軽に受けたのが、思い返せば一年の奮闘の始まりだったのです。

「では、次期会長を互選で決めてください」と富山会長から促され、司会を務めることになった私は、「どなたか会長を推薦していただけませんか」とみんなに向かって呼びかけました。案の定、みな、顔を見合せたまま黙っていて埒《らち》が開きません。そこで、私は「これがやりたい、これが得意というのがある方、ぜひ発言いただけませんか」と誘ってみると、「私は丘の上自治会館の近くに住んでいますから、会館の管理でしたら…。町田さんといっしょに」と、早々と手を挙げた方がいました。栃木さんです。見れば高齢のご婦人の二人です。私は、「では栃木さんと町田さん、会館管理をお願いします。次にどなたか」と議事を進めました。「はい！　私はパソコンが好きですし、昼間いないことが多いので、いつでもできる会計でしたら…」と大阪さんが続きました。「では大阪さん、会計を。次に青少年健全育成地区委員（以下、地区委員）ですが、お子さんがおられる方がよいのでは。どなたかお子さんのおられる方はいませんか？」。すぐに徳山さんと名児耶さんが手を挙げました。「私は小学生と中学生の子どもがいます」。「私は中学生と高校生がいます」。「それではお二人でお願いします」と、とんとん拍子。

こうして、自治会館、会計、地区委員だけではなく、環境、健康づくり・レクリエーション、さわやかホール、地域ケア、監事と、次々に担当が決まりました。そして、最後に残ったのが会長と副会長の職。それぞれの役員の役割は会則によって明確に定められていますが、それに比べれば、「会を総括する」と書かれた会長職の役割はとくに判然としません。それはかりか、「ほかの役員がやらないことはすべて」と読めなくもないのです。私はふとこのことに気付き、あわてでご高齢の男性・金沢さんに、「いかがですか、会長職を！」と水を向けると、「自分は体も弱いし、長い間地方にいましたから、丘の上自治会のことはよくわからない。副会長でしたら…」との返事。「では、防災・防犯担当の副会長は金沢さんに」決まり。すると、この間、じっーと、ことの成行きを見守っていた富山会長が「地域活動は女性が多いので、女性が担当してみては？」と突然発言しました。この一言に、「では地域担当副会長は徳山さん、どうですか」と聞いてみると、「私、役員をやるのは初めてなので…」と尻込み。「みんな初めてよ！」と後押ししたのは、すでに役割が決まった方からの声でした。こうしてあっと言う間に「会長職」が取り残されました。地域のためにやるべきか――。いやいや、時間がなくてとても務まりそうもない！「まだ勤務していますし、難しいです」。慌てて煙幕を張ってはみたものの、「みんなで助けますから」と詰め寄られ、さしたる確信もないままに、「ではやりましょう……」と引き受けてしまったのが実態です。

会合が終わったあと、富山会長から「今回はスムーズに決まりましたね。私のときはどの役もやりたがらずに大変でした。結局は、私と副会長の二人でがんばる羽目になりました」と聞かされましたが、私は「誰かを犠牲にすれば決まるもんだ」と半ば自嘲気味に「謀ったな」と思いながらも、詮ないことです。私は「誰かが引き受けなければ、前任役員も困る。ここは気持ちよく引き受けよう」と前向きにとらえるようにしました。

私が自治会長を引き受け、のちに私が「世代ミックス」と名付けた全役員の役割がなんとか決まりました。輪番制で、いわば偶発的に決まる役員は、巡り合わせに大きく影響されます。公認会計士がいる時もあれば、司法書士経験者がいる時もあり、建築士や企業で総務担当の経験をしたことのある役員がいる時もある。その時々の役員会の能力が組み合わせで決まる、いわばギャンブルのような、結構スリリングなゲームで、当事者でなければさぞや楽しかろうと、恨めしくなります。それぞれ決まった役割が適任であったかどうかがわかるのはずっとあとのことです。

　この年の役員構成は、「原住」が二名、その子どもたちの「第二世代」と奥さんが五名、そして「古参」一名と、「新参」二名の計一〇名です。年齢は、八二歳の「古参」のおばあさんを筆頭に六五歳以上の高齢者が半分、それ以下が半分。また何らかの仕事をしている方が半数を占める構成になりました。また、パソコンに習熟した役員が三名、辛うじてメールでのやり取りができる役員が二名、あとの半分はまったくの門外漢でした。


　それでは選出された丘の上自治会の役員を紹介しましょう。

　まず、前会長に突然指名されて尻込みしていた副会長は、「第二世代」のお嫁さんで、二人の子どもをもつお母さん、徳山さんです。しかし、活動を始めるや普段のほのぼのとした雰囲気が嘘のように何事にもテキパキと対応し、また生来の優しさでしょうか、難しい月報を楽しい読み物に、ほとんどの書類の印刷、配布の段取りの労苦を惜しまず、もめごともなぜか楽しい会話に替えてしまう特技の持ち主です。その後、参院選挙の際には選挙会場の立会人に抜擢されたり、社会福祉協議会の理事に推挙されたり（流石にこちらはご主人の反対でボツになりましたが）、地域活動を通して多くのおじさんたちのアイドルとなった自治会活動推進の立役者です。

　防災担当の副会長になった高齢の男性は金沢さんです。「第二世代」のお婿さんで、元大学教授という職業柄なのでしょうか。何でも理屈で迫る結構な論客です。風貌も歩き方も手塚治虫のアニメに登場するお茶の水博士にどことなく似ているので、私はひそかにそう呼んでいました。金沢さんは、自治会活動の原点は、「共助」にせよ「自助努力」に始まることを早くから見抜いており、丘の上自治会の防災活動の端緒を切り開いた方です。残念ながら健康上の理由で任期途中リタイアされてからは、奥さんが代役を果たされました。

健康づくり推進役は、八二歳の「古参」のおばあさん・甲斐さん。甲斐さんはお子さん家族と住まわれています。健康ウォーキングでは「一〇キロなんてわけないわよ」と健脚ぶりで、丘の上自治会が加入する地域の連合会の面々を吃驚させ、会議の要所に挟むキラッとした機知溢れる言葉で、幾度となく、私は役員会での窮地を救われました。万葉集を引き合いに出すなど、なかなかの文化人ぶりですが、本人はこのことには至って無頓着で、活動に参加することが何よりも楽しいと、最後の最後まで活動を満喫しておられた人生の達人です。

また「原住」の自治会館管理担当のお二人、町田さんと栃木さん。新婚でこのまちに住み始めましたから、丘の上自治会役員でも屈指の物知りです。会館の予約・会計業務、そして人知れず自治会館の清掃を一手に引き受け、会議が紛糾するとお茶とお菓子で水入りを促す、陰の指南役です。また、私の行き過ぎた言動については、前例がないと諭してくれた、いわばブレーキ役です。

環境担当の長岡さんと健康づくり・地区委員担当の名児耶さんのお二人はともに、現役で勤務を続ける「新参」です。「会長、私は何にするんですか？」と聞いてくるので、私が「自分で考えて！」と答えると、毎々「わかりません」の返事。こんなことの繰り返しでしたが、決まったことは四の五の言わずに実行する行動派です。以上が女性陣です。

男性陣の一人、「第二世代」の大阪さんは、「パソコン上手」を活かした会計担当。大阪さんも勤務をしながらも、エクセルを駆使した会計処理はほかの役員の追随を許さないキリッとした腕前です。お願いした以上のことは決して手を出さない信念の持ち主でもありますが、一旦始めるや凝り性の面もある。不明確であった会計処理規程案の制定の際には、「もう、それでよろしいのでは？」と言うのを尻目に納得するまで検討を続け、また、炊き出し訓練の際の景品選びやクジ引きの準備、受付けを喜々としてやってのけるのでした。

監事役の同じく「二世代目」の荒川さんは、こちらも勤務を続けながらも各役員の支援を厭わない優しいおじさん。時間を見つけては朝夕のジョギングを欠かさない、無言実行の健康づくりは見事です。頼み事には決して愚痴をこぼさないお助けマンっぷりは、流石に昔取ったホテルマンの杵柄でしょうか。共助には欠かせないキャラクターです。

最後が「古参」であり「第二世代」の私・握千九答ですが、せっかちで少々早口、そして勉強熱心が高じて思い込みが激しく、行動力はあるものの、急に思い付いたアイデアで周囲を困らせ、提案の意図をわかりかねるまわりの役員に徳山さんが説いて回わる、世話の焼ける会長です。

「小さな親切、大きなお世話」と、家内に言われ続けながらも、おせっかいぶりが止まらないおばちゃん体質と言っていいかもしれません。

　以上の一〇名が二〇一二年の丘の上自治会の役員です。丘の上住宅の姿を鏡に映したような、「世代ミックス」で構成された多様な役員となりました。

事業計画づくりで財政難が見えてきた

　役員は決まったものの、肝心の活動内容について考える時間は、四月の総会までのわずかな時間だけです。活動の具体化は次期役員に任せることが慣例になっていますが、総会後に始めるのでは遅いのです。こうして総会対策、その後の活動に想いを馳せ、急場しのぎの猛勉強が始まりました。入学試験を前にした受験生の心地です。私は前年度の実績を参考にしたり、資料を参考にしたりと、ひとり、一年間の活動予定やスケジュール案に思い巡らす眠りの浅い日が続きました。これは総会では終わらず、その後も数か月続くことになりました。そうした中でいくつかの課題にぶち当たったりします。

　まずは財政です。丘の上自治会では、会員の年会費は三〇〇〇円で、約二五〇名弱の会員がいますから、自治会会員会費収入は計七〇万円／年ほどになります。それに加えて地元自治体から、自治会活動と自主防災隊への補助金、資源ゴミ回収の奨励金と業者の買い取り価格と、会費収入のほぼ同額の七〇万円がじつに行政からの補助金などで賄われているのです。これらすべての合計一四〇万円が総収入額になります。やっと軽自動車が買える程度の額が、二八〇世帯・約六〇〇人が住む地域を束ねる年間予算です。

しかし、何か特別のことをしようとすればこれだけでは済みません。この年の二月、この小さな自治会ではかつてない大型の支出を伴う大型予算が前役員によって立案されました。総額二九〇万円！　その理由は、東日本大震災後による防災対策強化費です。年間収入だけでは追いつきませんから、貯金を取り崩すことになります。

私たち「世代ミックス」新体制は、助走期間（一二月から三月）と称して三か月早めに召集され、前年度の終盤を前年度の役員と並走しますが、事情を良く飲み込めず、事業計画も収支予算立案の蚊帳の外というのが実状です。それでも新旧役員による引き継ぎ会の席上、思い切って、私は「収入以上に支出があるのは変ではないですか？」と富山会長へ質問をしてみると、「防災ひろばのブロック塀は老朽化が進んでいます。何とか次年度で改修してほしい。繰越金がありますから大丈夫です」との回答。富山会長は、企業で働いていた際には総務担当でしたから、新参の私がそれ以上疑う余地もありません。きっと確固たる信念があるに違いないと思いました。

そして四月初旬の総会を迎えます。「繰越金といっても、貯金を取り崩すわけで、使い過ぎではないのか？」」。元会長の何人かから予想通りの厳しい質問が浴びせられました。ここ数年、こうした貯金を取り崩す予算編成が続いていましたから指摘はもっともで、これを続ければ蓄えはいずれ底を突く。総会で議長役をしていた私も、富山会長の自信とは裏腹に、じつのところそう思い続けていました。しかし、「必要なものは必要。何のための貯金ですか？」と揺るがない富山会長。議長役の私も富山会長の支援役に加わって、うるさ型の元会長連との間でひと悶着の末、事業計画と予算が何とか了承されました。まがりなりにも三か月間の助走期間をいっしょに過ごしてきた新旧役員の共同立案です。面と向かって「事情がよく飲み込めない」とは言えないのです。

こうして議決された事業案・予算案の執行責任を新役員が一身に背負うことになります。当然のことですが覚悟が必要です。「きっとやって見せる」。私が改めて誓った瞬間でした。

行政手続きに追われる

行政の関与は、総会後、直ちに提出を求められた別表の各種の手続き（表1）によって、それまで抱いていた「自治って何？」という疑問が現実のものとなっていきます。

行政からの依頼は、それぞれの部署から別々に、しかも異なる書式で提出が求められます。また一部署に届けたからといって、それが行政内部で横に連絡し合うことはありません。今振り

表１．期首に必要な提出書類

市役所	●前年度活動報告兼次年度活動届　●認可地縁団体代表者変更届け ●総会議事録　●会則変更届け　●補助金交付申請書、同交付願い ●情報誌配布願い
	●前年度自主防災組織補助金実績報告書 ●当年度自主防災組織代表者報告書　●自主防災組織補助金交付申請書
	●地域資源物回収団体登録変更届出書 ●資源回収登録業者及び自治会環境担当者届け ●債権者情報（振込口座）変更登録依頼書
	●健康づくり推進員変更届け
消防署	●団体代表者変更届け
警察署派出所	●団体代表者変更届け
学校	●団体代表者変更届け
関係団体（６団体）	●団体代表者変更届け　●地区委員届け、地域ケア担当届け
銀行ほか	●銀行口座名義の変更　●保険代理店への代表者変更

返ってみると、新米会長にとってこの時期は、不安と困惑に苛《さい》まれる受難の時期だった気がします。新旧役員の引き継ぎミスが原因で、自治会代表者変更届けの提出を忘れてしまい、田丸市役所の担当部署から電話で督促され、私が慌てて認《したた》めたわび状を添えて提出したこともありました。結果としては、窓口の女性担当官・相原さんから「ご丁寧なお手紙をいただきまして」と連絡をもらい、これが縁で、相原さんとは顔の見える関係をつくることができ、それ以来、一年間、何かと便宜を図ってもらうことになりましたから、縁とは不思議なものです。

とはいっても、書類の提出や新旧役員の引き継ぎは、消防署、警察署・派出所、小中学校、地域の諸団体、銀行、保険会社にまでわたり、行政の新年度の予算措置や人事異動の落ち着く六月末まで続きました。結構しんどい。この間にも、春の火災予防週間や交通安全週間、それに草取りと行事が否応なしに迫ってきます。その後も、東京都への「地域の底力再生事業補助金申請」（後述）、夏前の「総合防災訓練計画書」、秋の火災予防運動についての消防署への「防災訓練等通知書」、年末の警察への「防犯パトロール実施計画書」の提出が続き、行政から追いまくられる状況は大きく変りません。

役所に提出する書類の量に辟易していた頃、「会長さんって、行政の小使いよね」と、金沢副会長の代理で出席された奥さんからグサッと言われて、一瞬カチンときたものの、事実はその通りです。耐え兼ねて、「せっかく自治会との協働を受け持つ窓口部署があるのだから、少しは役所内でまとめてもらえないか」と、私は窓口の相原さんの上司に注文を付けたくらいです。「お気持ちはわかります。でも、田丸市の三〇〇ある町内会・自治会に三人で対応していますので、こちらもきびしいのです。できるだけのことはしますが…」と丁重なる応対。担当官の親切な対応に感謝しながらも、このことがキッカケとなって、ほかに方法はないものかと、私は任期中、何度か、田丸市の竹坂市長に「手続きを減らすか、この部署の人数を増やしてほしい」と要望を出したほどです。

私たちよりも大きな町内会では、総務部長や防災部長などが細かく分かれていて、手分けして対応しているようですが、我が丘の上自治会は全役員が「輪番制で回ってきて初めて担う」わけです。ですから、「前年度活動報告兼次年度活動届」「前年度自主防災組織補助金実績報告書」以外のこうした業務のほとんどが会長、つまり私にのしかかってくるのです。

前年度の富山会長はじつに几帳面《きちょうめん》な方で、一応のものが揃えられていますが、私には初めてのことで、全容や内容の程度など肝心のところはわからないことだらけです。しかも、私は平日は勤めをしています。疑問があるからといって、行政の担当部署に出かけて、一つ一つ確認する暇がないのです。担当部署に勤務先から電話で確認した内容に添い、夜な夜な寝室を抜け出し、階下に降りて、作業場と化した息子の部屋での書類づくり。ほとんどの書類が手書きですから、折角のパソコンのデータは使い物になりません。必要事項を書類に書き写して押印する。それで済む書類ばかりではなく、市役所の担当部署に確認しないと記載できないものもあります。

私は、忘れた書類はないか、間違いがないか、受理されるまで気が気ではありません。とくに行政からの補助金申請はいわば税金の下付願ですから、行政も慎重です。決まった書式に決まった内容を記載せよと徹してくれれば簡単に済む話ですが、町内会・自治会は自主組織ですから、行政からは命令はできない。やはり、それぞれの自主性に委ねるとのことなのでしょう。この辺の機微がわかるまで苦労が続きました。記入の手引書を添付している書類もありますが、新しいことをやろうとすると記載内容も新たなものになります。こんなことで時間を費やすのはもったいない。行政の町内会・自治会担当部署には、アドバイサーを置くなど工夫ができないものかと恨めしく思ったものです。

自治会活動の「共助」とは？

私が丘の上自治会の自治会長になったのは、東日本大震災（二〇一一年三月一一日）から一年が過ぎた年でした。助走期間として前年度の役員に並走していたときから、自分の年には「防災」を柱にしようと考えていました。

私は、東日本大震災四か月後に宮城県名取市閖上（ゆりあげ）地区や、切り土・盛り土で造成された古い住宅地が地震によって地滑りや崩落を起こした仙台折立（おりたて）地区を視察する機会があり、震災の被災地の惨状を目の当たりにしました。その後、丘の上自治会の輪番が回ってきましたから、この惨状は忘れられませんでした。日常生活が津波で一瞬にして吹き飛ばされ、多く命が失われた閖上地区の小高い丘。流された社《やしろ》の脇に建てられた卒塔婆に書かれた「いつもいっしょ」は、涙なしには最後まで読み取ることができないもので悲しみに満ちていました。

東日本大震災の鮮烈な記憶に、「今度ばかりは」と、誰もが思いを新たにしたはずです。たとえこの地域が災害に襲われても、被害を最小限に食い止めたいと思い立ち、私は、防災活動を共助の中心に据えて自治会活動を進めようと決心しました。これが活動の第一の柱です。

ところで、自治会活動における「共助」とはどう理解すればよいのでしょうか。

かつて地域社会では、「村八分」とされたあともその住民には「二分」残されていたと言います。それは伝統的な地域社会の温情ともいわれる葬儀と火事の火消しです。ところが丘の上自治会では、会員や家族の葬儀も、自治会館での葬儀は久しく行われることはなく、死後に連絡を受けて弔慰金を届ける程度になっています。また、防災・防犯活動も会員からの反応は冷ややかだと、前任役員から聞かされていました。

側溝の落ち葉や土の掻き出しは、道路が市に移管されたあとは「市がやればよい」、丘の上住宅にわずかに残る共有地「防災ひろば」の草取りも「役員の仕事。そのための輪番制」と思われている節があると言います。そして伝統的な町内会には付きものの、近所の神社との関わりも、お宮参りや初詣、それに縁日に出かける程度です。道に水が溜まれば、空き地に草が茂れば、蚊やハエが発生して、たちまち不衛生になったのは、昔の話。「生活する上で、なくては困る活動」が共助の活動だったわけですが、今や下水は完備し、道路は完全舗装。地域との付き合いの煩《わずら》わしさから逃れてきた都市の郊外住宅には、この先、私は住民相互の助け合い、つまり共助の活動はないものだろうかと考え込んでしまいます。

考えあぐねたときに思い出したのが、社会学者の恩田守男氏（東京流通大学教授）の言葉でした。恩田氏は、著書『共助の地域づくり――「公共社会学」の視点』（学文社、二〇〇八年）で、「日本の伝統的な支え合いの仕組み、ユイ、モヤイ、テツダイなど、共・私が一体となった社会の強制的な共助の仕組みが住民の生活を支えてきた。しかし、近代化や都市化の流れの中で、そうした煩わしさから逃れ都会へ集まった人も多い郊外住宅地では、住民間の助け合いが希薄な理由の一つとされています。そうした中で、昨今の人口減少・少子高齢化の進む中で、将来の孤立感や不安感に危機感を抱き、公私から抜け落ちた、生活を支える地域共同の活動、共生的共助が見直されている。」と述べています。さらに現代を、「公益を担う行政と、私益を求める私と、その間で共益を担ってきた共助（互助）が抜け落ちた社会」と言います。

私は、会長に内定して以来、何気なく感じていた「自治会を取り巻く状況の変化に驚愕」した原因の一つは、どうもこの「共生的共助の欠如」にあるのではないかと注目したのです。恩田氏は、共助が希薄になった背景に、「公益・共益・私益の中から共助が落ちた原因が、パブリックを公共と一体の言葉として理解してきたことにある。共はむしろコモン、共同体（コミュニティ）としての概念」であるとしましたが、日本ではここが理解されないままに、「抜け落ちた穴を埋めるように、災害対策を契機に共益の領域に浸透してきたのが現代の公（行政）の姿」だと指摘しています。

共に生きるために「共生的共助」――。身近なところでは、この自治会の輪番制役員制度、災害時の避難、日常的な防災・防犯対策などにその役割がありますが、今では高齢者や弱者の見守りや生活支援、環境対策、交通対策と広範に及んでいることがわかります。

私は、「共生的共助」には、じつは、助け合いの成果を同時に享受できる「共時的な共助」と、助ける方、助けられる方が異なる、言い方を変えると、助けた方は将来、助けられる立場になることを期待する「時差的な共助」という二つの意味合いがあると思えるようになりました。さらに、「時差的な共助」には、「いつかは助けてもらえるかもしれない」という気持ちと、「ヒョットしたら助けてくれないかもしれない」という猜疑心がつきまとうと考えました。状況が自らに降りかからない限り、敬遠されがちだということです。またどちらの共助も、「地域（共益）のために自分が犠牲になると思ったら誰もやらない」、しかし「自分の得（私益）が、地域の得（共益）にもなる」、あるいは「やらないと自分も困るし地域も困る」とわかれば、「やってみよう」と思うようになる――。私は、このことに着目し、期待することにしました。この「自分の得が、地域の得になる」、反対に「やらないと自分も困るし、地域も困る」。これが私の一年間の自治会活動の論拠となっていきます。

この書に出会ったことで、私は「なぜ行政の関与が深まってきたのか、なぞが解けた」ようで、悩みが薄れました。

防災活動を支える住民交流

―「共助」推進を柱に据えて

防災活動を念頭に年間の事業計画を整理

大地震は五〇〇年から一〇〇〇年に一度といわれていますから、防災活動は災害が起きなければ無用の長物ですが、無視するわけにはいきません。そこで、第一の柱に据えた防災活動が、ほかの活動にも波及して効果の上がる方法を探りました。地域の課題は、防災・防犯に始まり、高齢者の見守り、子育て、環境整備、健康づくりなど多彩ですが、どの活動も、それを支えているのは「住民間のコミュニケーションの力」です。その密度が高いほど活動はスムーズに進みますし、効果も上がるはずです。ですので、住民交流の推進そのものを活動の二つ目の柱に据えました。実施した防災活動は、表2のとおりです。

そうはいっても白状すると、深くこのことに気付かされたのは、振り返ってみると、五月下旬から打診を開始した東京都の「地域の底力再生助成事業」の申請の際の、東京都生活文化課の若い女性担当官によるアドバイスがきっかけとなりました。総会でのうるさ型の元会長連の指摘を受け、また私自身が感じていた「この調子で予算を組み続ければ自治会の蓄えはいずれ底を突く」の危惧から、行政からの補助金頼みと自嘲しつつも、始めれば大変なことになるとわかっていながらも、私は東京都の「地域の底力再生助成事業」の助成金申請に手を付けたのです。

表２．実施した防災活動

実施時期	項　目
5月	役員会で実施事項の決議、自主防災隊組織及び活動項目の市への提出
6月	防災マップ配布（保存版）（回覧）、消火器定期点検（消火栓位置確認を兼ねる）及び消火器更新工事、自家用消火器購入及び処分の一括斡旋、第１回防災ひろばを考える会
7月	自主防災組織新任班長講習会、消火器訓練および簡易無線機操作訓練（消防立ち会い）
8月	第２回防災ひろばを考える会、合同総合防災訓練（避難訓練等）
9月	住まいの耐震診断相談会開催、防災備品の点検
10月	防災広場改修（ブロック改修）、減災活動リスト配布
11月	安否情報確認訓練、炊き出し訓練（芋煮会）
12月	第３回防災ひろばを考える会、年末の火の用心パトロール
残る課題	空き家対策、駐車場対策、AED訓練、防災広場防災備品の拡充、スタンドパイプ操作訓練

※安否確認訓練だけが、11月に繰り上げ実施されました。

東京都の「地域の底力再生助成事業」とは、地域活動の担い手である町内会・自治会が行う地域の課題を解決するための取り組みを推進し、「地域力」の向上を図る事業に対して、東京都が助成するものです。毎年四回の募集があり、一年の期間で完了する事業が対象です。一つは地域の課題解決のための取り組みに対して、二つ目は「東京都が取り組む特定施策の推進につながる取組」、すなわち、①防災・節電活動、②青少年健全育成活動、③高齢者の見守り活動、④防犯活動に対して補助金が下付されるというものです。しかし、防災ひろばづくりの補助金目当ての当方の意向を見抜いて、「希薄な住民交流を、防災ひろばづくりを通して推進したらどうか」というものでした。いわば防災活動と住民交流活動を両立させる着想です。助成事業の名称を「防災拠点づくりによる住民交流事業」と決めてからは、不思議と防災活動と住民交流の関係が明確になり、年間の活動計画が一気に整理されました。

その後、あれこれ考え抜いた結果を、田丸市への自主防災計画としてまとめて役員会に諮ったのが、活動開始二か月後の五月末。すでに田丸市への自主防災組織と活動計画の提出が迫っていたのです。住民交流事業を念頭に、田丸市が推進する防災力（防犯力）づくりのアクションプランです。役員会では一人、甲斐さんが「へえ、随分計画ができているのね。あとはやるだけね！」と、驚いた様子で声をあげましたが、計画に反対する役員は誰もいませんでした。「実施の責任は全役員ですよ」と念を押し、「また防災？」と疑問を挟む会員向けには、月報を活用して、事前の主旨説明や実施事項の予告、結果報告など、その都度、周知徹底することにしたのです。

消火器が共助の火種となった

六月。「防災」を柱にした一年間の最初の取り組みは、「消火器定期点検」です。なぜ消火器から始めたのかって？　意外にも普段、私たちは消火器が所定の場所に置かれているのにもかかわらず、誰の気にも止まらず、通り過ぎてしまっています。丘の上自治会区域内には、四三本の自治会所有の消火器と八本の田丸市所有の消火器が備えられていて、この年、自治会の九本が更新時期を迎えていましたが、例年、更新時期のものは、専門業者に頼んで済ませていましたから、くわしいことは何もわかりません。それが突然、主役に躍り出るわけですから、疑問に思うのは無理もありません。

消火器の更新を前任の役員から引き継いで以来、「待てよ、そもそもなんで四三本なんだ？」と疑問に思っていたのですが、丘の上自治会の会員は、二五〇ほど。四三本ということは、ほぼ六軒で一本。……そうか！「向こう三軒両隣」というのは計六軒。この六軒で一本です。設置の根拠がわかったところで、私は、設置場所と消火器を向こう三軒両隣で見て回る計画を立ててみました。ここからが丘の上の自治会の共助への活動の核心となります。各組選出の役員と組長がいっしょになって、消火器の製造年月日、交換時期と収納箱の様子を確認して回る計画です。

しかし、計画を進めていきますと、はて、どことどこが「向こう三軒」かがわからない。何しろ幸か不幸かこの消火器、一度も使ったことがないうえに、私の家の向かいは高齢者のひとり住まい、その左隣りは海外勤務で空き家状態、右隣りは長い間 奥さんの顔を見かけたこともない。

家の左隣りは高齢者のひとり住まい、右隣りになってやっと両親と子どものいる家族という具合です。どの組も私同様、この「向こう三軒両隣」がなかなかまとまりません。まさしく少子高齢化で、「向こう五軒両々隣」で、やっと顔の見える相手が見つかる始末です。身近な共助とも言える「消火器による消火活動」をやろうにも、その相手が見つからない状況に直面したのです。

また、「私は誰と組めばよいの？」「駐車場の消火器は誰が使うの？」「あそこの空き家の消火器はどうするの？」「消火器を自宅の塀に置くのは格好悪い。自治会館で預かってくれませんか」と、隠れていた事情がだんだん見えてきます。

防災担当・金沢副会長も消火器更新計画の作成に苦労していました。「ホームセンターで買う方が安いんじゃないかな」と疑問が解けていない様子です。「インターネットで買えばもっと安い」とパソコン上手の大阪さんが調査結果を披歴すれば、そもそも「なぜ、その業者に頼んでいるの？」「なぜそのタイプの消火器なの？」と本質的な意見を含めて議論百出。とてもまとまりそうにもありません。決めるとなると結構みな、議論が好きなようです。やり取りが終わらない中、自発的に消火器の点検を始めた役員同士が、丘の上自治会内の消火器の前で鉢合わせるという珍事まで飛び出しました。これは嬉しかったですね。役員が積極的に動き出したことが…。

さらに、「家庭用の消火器まで自治会があれこれ関わるのですか？」との反対の声を押し切って、おせっかいな私の提案から実施したのが消火器購入斡旋です。じっさいに投げかけてみる

消火器とは、火災発生時初期の火を消すための消防用設備のひとつで、冷却作用、窒息作用、抑制作用の応用によって消火をする機器です。しかし、自治会や家庭用の消火器のほとんどは、粉末消火薬剤を使用した抑制作用を期待したものです。

消火剤で分類すると、水・泡・粉末に、方式別では蓄圧式・加圧式・反応式に、また形態別では大型・住宅用・自動等に分類されます。多種あるなかでも、自治会や自家用消火器のほとんどは、蓄圧式か、加圧式のＡＢＣ粉末消火器です。

蓄圧式消火器は、消火剤が容器内で窒素ガスにより常時加圧されており、使用時にレバーを操作することで弁を開放し、消火薬剤が放出されるタイプです。容器内の圧力を確認できるように圧力計が設置されているのが外見上の特徴です。一方、加圧式消火器は、使用時にレバーを操作することで、内部の加圧用容器の封板が破れガスが噴出し、容器に充填された薬剤が放射されるタイプの消火器です。

と、丘の上自治会会員からは「古い消火器の廃棄はどうするの？」「重さは？」「将来のリサイクル費用は？」「次はいつやるの？」と、さまざまな反応が返ってきて、自治会としての最終的な決定にはみなが納得する理由が必要になりました。この時期、私は、インターネットにくぎ付けになって、消火器の情報整理と業者との折衝に奔走していました。そして導き出したのが、タイプ、使い勝手、将来の更新を考慮し、さらにお年寄りにも簡単に運べる四型の蓄圧型の推薦と、また業者とは価格の交渉と一本の購入に付き一本の無料廃棄の条件です。消火器についての説明文を添えて会員に回覧した結果、四〇人近くが新たに購入、交換に応じました。以前、消火器が爆発して死亡事故に至ったことがニュースで報じられたことがありました。しかし丘の上自治会が蓄圧型を奨めたのは、容器が腐食し、万が一内部のガスが漏れ出ても、圧力が下がり、爆発に至りにくいという特長だからです。レバー元に付く圧力ゲージは、内部圧力が適正かどうか知るためのものであることがやっと理解できたのです。普段は家の片隅に埃をかぶって何気なく置かれていた消火器。活動の主役になってはじめて、その実態がわかりました。

七月のある日、この小さなまちに似つかわしくない立派な消防車が、防災ひろばに横付けされました。田丸消防署が引き受けてくれた消火訓練です。消防車から降り立った制服姿の隊員は迫力があり、そのうえ格好がいい。あたかも本物の消火活動をしているような錯覚に陥りますから

不思議です。三〇名ほどの住民を前に、消火器の説明に始まり、消火器の操作訓練、防災知識、一一九番の受け答え、簡易無線機の使い方と、思いのほか充実した時間になりました。

訓練を想像してみてください。火元の風下に立ち、前後に軽く開いた両脚に均等に力を入れて、腰を落とし、消火器を右手で構える。これが消火の際の構えです。その後、栓のピン抜き、ホースが暴れないように先端を握り、火元に向けてレバーを握る。しゅるしゅると、音を立てて水が出てきます。しっかり先端を持たないとホースが暴れて的に当たりません。「なかなか当たらないわ」「結構遠くまで水が飛ぶのね」と、初めての訓練に、年甲斐もなくキャッキャッとはしゃぐおじさんとおばさん。蒸し暑い七月には最適の、結構楽しい訓練です。

そもそも、消火訓練の際に腰を屈めて消火器を構える姿勢はなぜですかって？　火焔の影響で、上と下の温度が一〇〇度も違います。二〇〇度で焙られると瀕死の火傷の恐れもあるからだそうです。そして、もう一つ大事なポイントは、いつでも反対方向に逃げられるように両足に均等の力をかけておく点です。これは、すべて消防署からの伝授された知恵です。

いくつか課題も残りました。訓練用消火器は水ですが、本物は泡消火です。後始末が大変で、誰も使ったことがない泡消火器。そして、消火器はせいぜい一五秒から二〇秒で消火剤がなくなります。初期消火は、出火後一〇分が有効とされていますから、一〇分間消火を続けるには、じつに三〇本の消火器が必要となります。自家用消火器の購入の目的でもある、いざ火災ともなれば火元の周辺を延焼から守る、「自分のためでもあり、地域のため」でもある訓練。そして終わってから気付いたことですが、一人の次にまた一人と続ければ、消火の効果は格段と増すようです。鉄砲による連続攻撃で、古い戦いを一変させたという信長の長篠方式を連想させるものですが、いつか実施してみたい衝動に駆られたものです。

たわいもない消火器も「なぜ四三本なの？」と疑問をもった瞬間から、活動の立派な火種となりました。これ一つで十分な住民交流のきっかけにもなるのです。たかだか消火器でも、消火訓練を通して、しゃれではありませんが、この火種は思いのほかよく燃えました。それこそ住民の共助にうってつけです。

山川学園地区町内会・自治会連合会の防災訓練

さて、丘の上自治会では、消火訓練のように少人数でできる活動は単独で実施できますが、災害が拡大したことを仮定した一時避難所から広域避難場所への移動訓練やその他の避難施設への避難訓練、災害時に医者が駆け付ける施設への誘導訓練は実施しにくいものです。行政の体制が、なぜか小学校や中学校の校区割りを原則に整えられてきたからです。この年も防災の日（九月一日）前後に訓練を実施するよう田丸市から要請されていましたが、地域を越える訓練は、山川学園地区連合会の中でもひときわ大きな町内会が実施する合同総合防災訓練の片隅でそっと参加させていただく。小さな自治会は肩身が狭いのです。それでも大事なことは、自治会の自主訓練と位置付けて参加することです。

合同総合防災訓練の当日は、丘の上自治会の旗を先頭に訓練場所まで向かいます。水や飴などを用意して万全を期したつもりが、真夏のジリジリする太陽の下で、開催場所までの避難訓練に始まり、消防幹部の訓令、消防による各種訓練、炊き出し、消火バケツリレーと続く長い訓練に、何人かの高齢の方々が途中で気分を悪くされました。テントの中でドカッと椅子に腰かけて、その後の訓練を見合わせる方を何人も見かけました。

災害はいつ起きるかもわかりませんから、贅沢は言えません。しかし、「九月一日は閣議で決まった防災の日」と実施時期を決めてかかるのではなく、阪神淡路は一月ですし、東日本大震災は三月です。せめて「夏の防災訓練」「冬の防災訓練」と、実施日については行政も柔軟に考える必要がありそうです。体力の問題だけではありません。服装も、災害用備品も変わるのです。

丘の上自治会の神部さんは阪神淡路大震災の被災者です。「倒れた建物やガレキ、そして亡くなられた方が横たわる間を縫うように避難所に向かう。とてもこの世とも思えない光景で、避難とはそうしたものです」と語ります。ここで注視しなければならないのは、訓練とはかなり様相が違うということです。かつて私は、勤務先で災害時帰宅訓練と称して、家まで徒歩での訓練をしたことがあります。その一年後に東日本大震災が起きました。当日は迷わず「歩いて帰ろう」と呼びかけたものの、私自身、二五キロメートルの道のりを通勤用の革靴で歩き通せば、足に血豆ができる。途中、停電で消えた信号機が原因で道路は車で大渋滞。立ち寄ったコンビニの棚は空っぽ。そして丘の上住宅が停電と聞けば、家に帰っても風呂はおろか、温かいコーヒーも飲めません。「ホテルを探そうか」などと、道すがらいろいろ考えるものです。訓練とは、「身を持って体験し、何が起きるか前もって知っておくこと」とわかっていても、じっさいには想定外のことがいくつも起こるものなのです。

「防災ひろば」の改修推進

昔、数か所あった浄化槽はその後、下水道が整備されるとともに土地は処分され、唯一、丘の上自治会に残された土地が自治会館と「防災ひろば」と呼ばれる共有地です。宅地造成等規制法（一九六一年施行、95頁参照）適用前の古い住宅地ですから、広場の設置義務はなく、九〇平方メートル（三〇坪）と決して広くはないものの、今では貴重な自治会の財産となっています。浄化槽撤去後、この用地に田丸市と土地の無料使用契約が締結されて、四〇トンの水を貯めた防火水槽が設置されたことから「防災ひろば」と呼ばれるようになりました。

この防災ひろばの改修が、四月初旬の総会で議決されました。前役員主導のもとで決められましたので、「あとはやるだけ。私も大船に乗った気持ちでやればよい」と思っていたら、具体的なことはすべて次期役員に任せるのが、ここ丘の上自治会のならわしだと言うのです。大型となった次年度の収支予算の中には、防災ひろばの減災対策費と、東日本大震災の際にひびが入った自治会館の壁の修繕費などが大物の支出が並び、総予算の四〇パーセント弱を占めるのです。

それほどの大事業でありながら、丘の上自治会の端に位置するわかりにくい場所に位置しています。大事な会費で実施する事業ですし、防災拠点としても活用することが決まっていましたたから、丘の上自治会のみなさんにも知っておいてほしい。完成したら普段から日常的に使ってほしい。私はそう願って、「防災ひろばを考える会」を立ち上げ、防災ひろばの改修のやり方と今後の使い方の具体化のために、都合三度ほど集まりを計画しました。

しかし、六月の最初の会の参加者は一五名に届きません。一回目は防災ひろば周辺の自治会会員が対象で、一番関心を持ってほしい人たちでしたから、とても住民交流とは呼べないさびしい状況でした。そこで私は一計を案じ、「みんなのひろばで芋煮会をやろう」と提案。これは、消火器のときのように、きっかけの種火を付ければ、燃え広がるのではないかという予感からでした。といって不安がないとは言い切れません。集まったメンバーに問いかけても、「誰でも自由に使えるみんなの広場」は、「防災ひろばのまわりの林田さんや倉田さんが何と言うかなあ」と懐疑的でした。また、「子どもたちが小さい頃は、みなで花摘みをしたものよ。でも今やこの丘の上自治会も衰退期。子どもも少ないし…」と、昔を懐かしんでは愚痴が出る始末でしたから。

その中で、「やろうじゃない。芋煮会をやれば元気が出るよ」と励ましてくれたのが、防災ひろばの隣に住む中田さんです。「会長、がんばってね」。思惑通りに進まず孤独感を味わっていた私が、力を得た力強い応援の言葉です。その後、この中田さん、ことあるごとに活動を陰から支えてくれた戦友のような存在になってゆきます。

防災ひろばを囲むブロック塀は傷んでいて、いつ壊れてもおかしくないほどです。東日本大震災の際には丘の上住宅でも震度五弱の揺れに見舞われたものの、地震の周期が長かった分、助かりましたが、首都直下型地震でも起きようものならひとたまりもありません。高さ一・二メートルの塀が倒壊すれば、怪我人が出るでしょうし、道は塞がれ、救急自動車すら通れない恐れもあります。

そのため、ブロック塀の改修が総会で議決されたわけですが、課題は例年に比べて大きく膨らんだ予算です。「何とか行政の補助金で」と、会の代表として私は一人、田丸市と折衝を始めました。生垣に改修すれば幾ばくかの田丸市の補助金制度を活用できますが、東日本大震災後、希望者が急増し、担当者から「とても無理だ」と断られました。「臨時予算でも」と粘りましたが埒が開かず、思案に暮れていたときに担当者から紹介されたのが、東京都「地域の底力再生助成事業」です。前述したとおり、東京都が交付する助成金で、「地域の底力再生に関わる活動に供するものであれば、資材も補助金の対象になる」という使い勝手のよいものです。

早速、五月末、東京都の担当官への電話連絡に始まり、七月初旬の申請書案のメール送信、そして八月初旬の正式申請まで、事業内容と予算書の調整と担当官とのやり取りが続きました。手間のかかる作業でしたが、この補助金を受けたことで資金が安定し、防災対策の活動と住民交流の推進を大きく支えてくれました。

事業のうち、六段の軽量ブロック積みを三段まで取り崩することは、自主事業による減災対策を施すもので、倒壊のリスクは半分以下になると予想されます。災害時の活動拠点として期待される以上、何よりも安全でなくてはなりません。その上で、植栽で修景し、ベンチやテーブルを設置する。そして、これらの作業を専門業者に依頼する代わりに住民共同で実現する、申請の「地域の底力再生助成事業」による「防災ひろばづくり」です。

防災ひろばの改修工事の業者との打ち合せは、六月頃から開始しました。また夏の暑い日に飛び込んだのは、地元の畑の真ん中にある、少し古びた仮設小屋の植木屋さん。机の向こう側から怪訝そうな顔つきでこちらを眺める男性に向かって、私は「ひろばに植木を植えたいので、植木と客土の手配と指導をお願いできますか」と告げました。「東京都の助成金で購入します、交付が少ないので安くお願いします。それから、これを機会にその後の剪定や薬剤噴霧のご指導も…」と勝手な要望を言ったところ、植木屋さんは「丘の上自治会の何軒かとは古い付き合いがある」と気持ちよく聞き入れてくれました。植木屋の田原さんは、私より少し年上に見える方でしたが、聞けば、昔から丘の上住宅に出入りしていて、住民のことをよく知っている陰の情報通のようです。「あの方は元気かな？」「時々、あの方の庭木の剪定も頼まれる」と、自治会長の私でも家人の姿を見たことがないお宅もよくご存じでした。「彼女はあそこにひとり住まいだけど、まちなかにお姉さんがおられる。時々そちらにいるようだ」。そんな情報も教えてくれました。

その後、計画案が固まった九月初めに、改めて施工業者への現場での説明、見積り、契約を行い、そして九月末に着工、一〇月の初旬には業者によるブロック補修工事が終わり、いよいよ植栽です。一一月三日、購入したトラック一杯の植木が田原造園から届けられました。スコップ片手に三々五々集まった住民たち。植木屋・田原さんの配下と見紛う職人姿のお年寄り、エプロン姿のお母さん…。そして私も、一度は履いてみたいと思っていたあこがれのニッカポッカで駆けつけました。「あの人誰？」「いやだー、会長さんよ」「何だ、足がないじゃん！格好わるーい」。地域に、忌憚なくこんな軽口を言い合って和む雰囲気があったのかと嬉しくなりました。鋤取りから始まり、客土の敷き詰め、全員が横一列に並んでお尻を振り振りの植栽・水遣りと、笑いの中にも見る間に防災ひろばは姿を変えてゆきます。まさしく「地域の底力」です。

しかしこの活動、思い返せば、三回開いた「防災ひろばを考える会」では、「茶毒蛾に刺されたらどうするの？」「薬剤の噴霧は？」「剪定はどうやるの？」と、参加者から不安が噴出し、途中頓挫しかけたこともあったものでした。

「ならば、みなでやればよい」と、急遽、私から緊急提案したのがボランティアによる会の「花と植木の会」。趣味と実益、それに健康づくりを兼ねた優れものの会です。それに何よりも本物の植木屋さんが付いていています。心配御無用です。早速月報による会員募集やら、意中の方への勧誘で、あっと言う間に一五人近くが集まりました。防災ひろば植栽の当日はこの会のメンバー全員が揃いました。声をかければ、みなやるんです。

数日後、お母さん副会長・徳山さんがインターネットで探した信楽焼のスツールとテーブルが届きました。役員会では、甲斐さんから「背もたれがあるとよい」とか、徳山さん本人からも「木製がよい」などの希望も出されましたが、「予算内で買える、耐久性のある盗難の恐れのないもの」を条件に選んでもらいました。高齢の方が散歩の途中や上の道を走るコミュニティバスの停留所からの帰りにひと休みできる、おしゃべりができる場として設置を決めたものです。

それから半年後、防災ひろばにはサツキやツツジが見事な花をつけました。

安否情報確認訓練と炊き出し訓練

一月。次の日に控えた炊き出し訓練（芋煮会）の出欠確認を兼ねて、災害時の安否情報確認訓練を初めて実施しました。災害時に行政当局に支援を仰ぐには、まずは「どこに、誰が、どういう状況でいる」と、状況確認をすることから始まるはずです。この訓練はそれを踏まえ、丘の上自治会会員の「在宅・外出」の確認から始まり、「家人の怪我の様子」などの状況確認を行いました。役員会の開催中に震度五強の地震が発生するというシナリオです。

安否確認訓練実施日の役員会は、訓練の発令までいつものように淡々と進みました。表向きはそう見えましたが、内心「どうやって組長に連絡しようか」「組長がいなかったらどうやろうか」と悩んでいたかもしれません。

そしていよいよ一二時。発令の時刻です。「自治会各組会員の安否状況を確認し、報告願います」。私からの発令とともに、役員が一斉に自治会館を飛び出しました。初めての試みに、五組の組長から「何のためにやるの？」「私は足腰が弱くて歩いて、確認するのは無理よ」と詰め寄られた徳山さん。ひとり住まいのお年寄から久しぶりの電話だと喜ばれ、三〇分も話し込まれる瀬川さん。安否確認訓練だと説明しても「どこに逃げればいいの？」と何度も聞かれる役員もいる

など住民からの反応はさまざまでしたが、発令後三〇分で、不在を除けば、ほとんどすべての家庭の確認が取れました。確認できた方が六五パーセント、不在などで未確認が三五パーセントです。

炊き出し訓練（芋煮会）当日、早朝から役員に有志が加わり準備に大わらわです。自治会館では女性陣が田丸市からの無料配布のアルファー米のおにぎりづくり。防災ひろばでは男性陣がテント・椅子・テーブル・ブルーシート・ノボリの設営、クジ引きの準備。そうこうしているうちに開会の時刻が迫ってきます。

配布していた参加証代わりのチラシを手に、最初に親子が到着。そしてたちまちに用意した椅子もテーブルも敷物も人で埋め尽くされていきます。昼間でも人通りのないまちに、こんなにも住民がいるのです。おじいさんおばあさん、今日を目当てに遠くから来てくれた子どもにそれぞれの友だち。「哲ちゃん、元気?」と同級生に声をかけるお母さん。「私の娘、正江です」「私の旦那、義雄です」「私の孫、みっちゃん。見て」と人と人とがつながっていく。防災ひろばが一転して、にぎやいた光景となりました。「やってよかった」。感激とともに荷を下ろした瞬間です。

この頃にはすでに各役員の得手不得手が大分見えるようになっていましたが、この日の立役者は何といっても、普段は学校給食の調理スタッフをしている名児耶さんと、阪神淡路大震災で被災された神部さんです。二人を牽引車に、手際よく芋煮が作られていきます。また、原住の栃木さんや町田さんは流石によく住民を知っています。「ここに座って」「あっちに武ちゃん来ているわよ」と、交流の仲立ちを惜しみません。ほかの役員が脇を固めて立ちまわるすばらしい共同ぶり。大阪さんが作ったくじ引きが会話のきっかけになり、防災ひろばの隣に住む中田さんがふるまってくれた柿が何よりの土産になりました。

役員会では、「芋煮なんて知らないわ」「面倒くさそう」と反対も多かった炊き出し訓練。確かに面倒くさい活動です。食中毒は怖いし、保健所への事前の届け出は要るし、当初予定していなかったテント敷設も保健所の指示です。そう考えると何もかも嫌になりますが、「よいこともあるかもしれない」と考えることです。消極的だった役員も、あちらこちらと機転よく動いているではないですか。防災ひろばづくりを巡って確執が生まれたおばさんたちも、ちゃっかり参加しているではないですか。天気にも恵まれ、一〇〇人以上の住民が同じ場所に一堂に会して楽しむ光景に、私は改めて「住民交流の意味」を知り、確信しました。「人は集まって地域に住んでいること」を、です。

それでも、本物の地震でも起きたら、和やかな防災ひろばは見る間に一変して、「おい、水はもうないのか？」「非常食はまだ来ないのか？」「毛布が足りないぞ！」「包帯は？」「あそこのおじいさん大丈夫かなあ。哲っちゃん、ちょっと見てきて」と大混乱になるのでは…。不謹慎な想像をしてしまいます。

子どもたちも参加する火の用心パトロール

暮れになると、警察や消防署・消防団によって「歳末火災特別警戒」が実施されます。丘の上自治会でも一二月に実施する、役員と子どもたちとの火の用心パトロールは恒例行事です。

子どもたちとお年寄りの会員を挟んで、隊列の先頭には赤の誘導灯を持った荒川さんか私・握千九答が、後方には青の誘導灯を持った徳山さんで固めた隊列は、長い時では一二五メートルほどに伸びます。小さな子どもたちとお年寄りとの歩くスピードがどうしても合わないからで、時にはうしろから徳山さんが、「会長、もう少しゆっくり！」と声をかけて注意を促します。せっかちな会長と、ゆったりした徳山副会長の性格の違いがこんなところにも出るのでしょうか。何しろ、子どもたちとお年寄りを交えた隊列の秩序の維持、とくに道路の横断には細心の注意が必要です。

「火の用心！　マッチ一本火事の元～」。おじさんのおぼつかない拍子木とかけ声を見かねて、やおら拍子木を手に取った小学校六年生の男の子の通る声に、私は「上手だね」と話しかけました。すると、「毎年やっているもん。おじさんたちは一年交代でしょう」。さすがに、参りました。

こうして普段は見かけたこともない子どもと、大人たちとの共同作業が年の瀬に計四回、繰り返されました。巡回のルート設定には、一つは、一回はどの会員宅からも「火の用心、マッチ一本――」が聞こえるように毎回工夫しました。何しろ火の用心パトロールは、声でわかる自治会の活動です。「お、やっているな！」、と次に続く役員や組長、そして子どもたちへの自治会からの「次はよろしく！」というメッセージでもあるのです。二つ目は、警察や消防が言うところの防火や防犯上のホットスポット、空き地や空き家、駐車場をルートに必ず含めることでした。

毎日参加してくれた、両親が共働きの小学六年生の女の子。拍子木の音が聞こえてくるや「私も行く」と言って駄々をこね、欠かさず参加したかわいらしい四歳のお嬢ちゃん。犬の散歩中に列に加わった丘の上自治会会員。玄関の扉越しに隊列に向かって「ご苦労さん」と声をかける人。静かに家の中で「火の用心、マッチ一本」のかけ声を聞いている人と、参加の仕方はまちまちですが、そんなみなさんと、うす暗くなったまちに一体感が生まれる時間を作り出すのも火の用心パトロールの効用です。そして最終日。いつも参加している小学校六年生の男の子の姿が見当たりません。残念ながら不参加でしたが、男の子の家の前で一段と大きくなったかけ声。「火の用心、マッチ一本火事の元！」。「俺、握千九答おじさんに教えてやったんだ」と、あの子の想い出に残れば、この活動はしめたものです。

じつは、火の用心パトロールを前にした一一月末、田丸警察から依頼が入りました。「幹部が年末巡回に立ち会うので、一二月二五日から二八日の間に実施してほしい」。このことを役員に伝えると、「高ビーね。いったい何考えているの？　なんで丘の上自治会の都合に合わせてくれないの？　年末で帰省する人もいるのに」と、警察からの要請は全員一致で一蹴。せめて「ご計画の火の用心パトロールと、当方の歳末火災特別警戒の予定が合えば、幹部がパトロールに参加したいのですが！」と、こちらの意向を聞く謙虚さがほしいものです。常々感じていた「市民と行政の協働活動への疑問」は、「行政のこうした命令口調からは、協働への相互信頼は生まれてこないのだ」と、確信へと変わった瞬間でもありました。

ほぼ全員が何らかの活動に参加

防災活動と防災ひろばづくりには、最初の草取りを皮きりに、都合三回実施した「防災ひろばを考える会」、消火器操作訓練、暑い最中の草取り、ブロック塀撤去工事、防災倉庫の防災備品点検、植栽工事、全員が参加した安否情報確認訓練、その翌日の一一〇名が参加した炊き出し訓練、反省会、延べ七一名が参加した年末四回の火の用心パトロールを併せると、延べ五〇〇名以上が何らかの行事に参加しました。会員数二四〇名弱、世帯数二八〇ほどの小さな自治会活動としては、思いのほかの多くの参加者でした。

共助の活性化に向けて、火種を見つけ、火を付ける。うまく煽ればうまく燃えるもの。それが今回の活動を通しての私の実感です。少子高齢化が叫ばれるまちで、日常の防犯、環境整備、高齢者の見守りなどは、衰え始めた地域力の再生に待ったなしの状況です。「防災活動の狙いは住民交流」と訴え続けた一連の活動は、手間もかかるし、面倒でもあります。しかし、実施してみると結構楽しいものですし、何より住民がお互いを知る機会が増えます。本物の災害に見舞われたらこんなことでは済まされないでしょうが、「あそこに〇〇さんが住んでいる」「あの方ならこれができる」「あの作業にはこれくらいの人手がいる」とわかるようになっただけでも収穫です。

小さなこの防災ひろばは、丘の上自治会にとって、数少ない会員共通の場所です。ここでの経験はすべて「想いの宿る場所づくり」につながるものです。今後は、子どもの七夕祭りやチェス大会、彫刻展などが、いずれ実現できればと思っています。

でも、防災ひろばの活動は、すべてがうまくいったわけではありません。よかれと思ってやったことが、会員の気持ちとすれ違ったこともありました。

防災ひろばには芝生が植えられています。強風で舞い上がった土砂で洗濯物が干せないというのでいつしか植えられましたが、雑草が紛れ込み、夏になると草ボウボウ。その草取りを、経費削減のためと、これまたいつからか役員がやるようになっていました。六月の蒸し暑い雨の日や八月の熱中症が気になる猛暑の中での作業は、高齢者だけでなく誰にとっても大変な作業です。また、その度に芝刈り機の電源を借りる隣家への迷惑も気兼ねの一つでした。「防災拠点づくりによる住民交流推進事業」の中心となる防災ひろばは、本音を言うと役員にも住民にも迷惑な存在で、防災ひろばを考える会では「売ってしまったら」「市に寄付したら」などと、乱暴な意見も出たくらいです。

その日も草刈りに集まった役員が黙々と作業をしました。きれいになった防災ひろばで一服していると、「モジズリ（ネジバナ）はどうした？」と隣家の中田さんと古参の甲斐さんから声がかかりました。「え、モジズリ？」。私は突然の質問に意味がわからずにポカンとしていると、「春

になるとモジズリが咲くの」「ここにモジズリを植えてあって、毎年楽しみにしているのよ」とのこと。「また生えてくるかな」と、中田さんの言葉で、この会話は終わりました。けれども、本当の意味がわかったのは私の任期が終わる頃、月報最終号に書かれた甲斐さんの言葉によってです。「あの広場には毎年、一五〇本のモジズリが咲きます」「踏まれて消えてしまうのではないかと、案じているのです。春になってモジズリの芽が出たら、まわりの芝生とともに掘り出して、踏まれにくい日当たりに移植したいと考えています。無事に育ちますように」。そして万葉集の和歌「みちのくの　忍ぶもじずり誰故に　乱れ初めにし　吾ならなくに」が添えられていました。「え！」。私はとても驚きました。しかし、今や遅し、です。モジズリは跡形もなく消えていました。

　当時の防災ひろばは、まだ単なる迷惑な場所に思う人が多い状況でしたから、「草取りは芝刈り機でできる限り手早く済ませてしまおう」と、新米自治会長の早とちりが原因で「申し訳ない」との言葉もあとの祭りです。

防災活動で明らかになった共助の限界

自主的な防災活動を通して、共助による活動の限界をおぼろげながらも理解できるようになりました。たとえば消火器による消火は、あくまで火災発生後一〇分までの初期消火用です。住民の誰もができることと言えば、せいぜいフライパンに入り込んだ火やボヤを消火する程度でしょうし、防災活動の定番のバケツリレーも、バケツを満水にしても一〇〇杯でやっと一トン。持てるのはせいぜいバケツ半分の量だとしたら、その倍です。一方、消防車はノズル一本で一分間の放水量は約一トン。家屋火災の消火に必要な放水量はじつに八〇〜一二〇トンと言いますし、鎮火には消火開始後三〇〜四〇分を要すると言われています。ちなみに消防車一台の放水量は四〇トンで、ちょうど防災ひろばの防火水槽の量ですが、「これではボヤを消すのがやっと…」とのこと。本物の火災がいかに素人では手に負えないものかが想像できます。

では、防災活動に対して、共助では何ができるのでしょうか。防災対策上の多くの課題は、まずは普通の状態を把握しておき、その状態の変化に気付くことから始まります。何かあれば直ちにしかるべき行政、消防、警察などに正確に連絡する。このことが防災活動における共助の起点です。その地域に住んでいない限り、正確な状況の把握はできません。住民から寄せられる情報が貴重で、これが防災活動の第一歩です。

今、共助の妨げになっているのが、国土交通省、厚生労働省、東京都などの上位官庁からの度重なる指示や変更です。地元行政ですらてんてこ舞いしている様子が伝わってきます。災害時に「自宅で過ごすことのできない被災者」とは誰なのか、いかに調べるのか、具体的な教えはありません。合同総合防災訓練時に要請のあった災害時要支援者（73頁参照）への対応については、要支援者名の公表と具体的な支援方法の公開が待たれますし、同様にペットの同行避難訓練も具体的な対策がないままに、自治会任せでは前に進みません。

コラム

ほかにも自治会でできる防災対策

安否情報確認訓練

丘の上自治会で消火器訓練と合わせて実施したのが、安否情報確認訓練です。一一九番通報を模擬的にやってみましたが、「こちら消防署です。火事ですか？　事故ですか？」「どこで発生しましたか？」。矢継ぎ早に問われると、さしもの歴戦のおばさんもおじさんも対応に「？」です。今、自分がいる場所も、結構正確に言えないものです。家屋の倒壊を通報しようにも、「どこがどのように？」と具体的に聞かれると、なかなか説明できません。

地盤の変調を発見したら、電信柱を見てください。電信柱には一本一本に固有の電柱番号といわれる識別番号が付いています。電話会社（ＮＴＴ）または電力会社の電柱番号などがあるようですが、場所を特定できます。安否情報確認訓練については、「こちら○○自治会です。何名が負傷、何名が重篤、災害時要援護者何名が在宅」など、報告漏れのないように、また迅速に報告できるようにしたいものです。こうしたことは、日頃実施していないことにはやはりできないのです。

家屋の耐震診断と補強

自助努力の結果次第で影響が地域にまで及ぶのが、家屋の耐震性能。行政によっては、住まいに対する耐震診断のうち、目視による簡易診断（予備診断）を無料で、精密診断や震補強工事に対しても一定額の補助金が支給される仕組みをもっています。ぜひ簡易診断だけでも受けて、住まいの耐震性能を把握してください。

補強が必要な場合には、耐震基準に従い、建物全体を改修することが必要になります。補助金を受けても多額の自己負担が残る恐れがありますが、これについては専門家に相談して対応してください。

自治会で行う防災備品の点検と整備

どこの行政でも、防災対策として災害用の備品を一覧表にして配布しています。このうち自治会で何を用意すればよいのでしょう。「自助・共助・公助」をそれぞれ別に用意すべき災害用備品リストとして作成してみてください。その中で、共助でやることを想像してみると、用意すべき備品が見えてきます。

丘の上自治会では、第一次避難場所と決めた「防災ひろば」に防災備品を用意しています。本部として拠点を立ち上げ、拠点を維持するうえで必要な物、消火活動に必要な物、救助活動に必要な物、避難誘導に必要な物と分類して、整理しています。また、田丸市が用意している災害時用の備品とその数量も確認しています。

二〇一二(平成二四)年、東京都防災会議の地震部会において「首都直下地震等による東京の被害想定」が発表され、最悪のシナリオが出されました。自宅で過ごすことのできない被災者数が、従前の住民の七パーセントから三倍に算出し直され、備蓄物も三日分から一週間分に方針を変更した行政もあります。みなさんの地域がどのような設定になっているのか、確認されることをお勧めします。

スタンドパイプの操作訓練

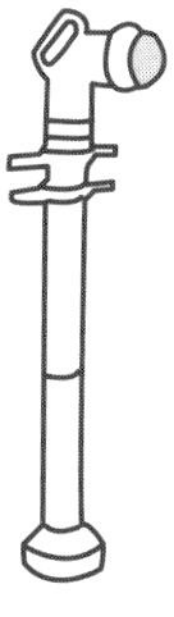

スタンドパイプとは、道路などの地中に埋設された消火栓や排水栓に差し込み、消火用ホースに直接つないで使用する消火器具です。放水訓練用に町内会・自治会に貸し出している行政(自治体)もあります。三人一組で使用することが奨励され、活用には結構ハードルの高い器具ですが、消火器をはるかに上回る消火の効果が期待できます。

住民交流を担うコミュニケーション

読んでもらえる月報づくり

丘の上自治会の月報（会報）は毎月発行、しかも全会員に配布です。「隔月ではダメなんですか？」「経費がもったいないので回覧でもいいのでは？」との会員からの声を受けて、前会長との引継ぎで検討するように粘ってみましたが、「会則にも、また歴代の会長に引き継がれてきた自治会運営指針にも書かれていますし、大事なことですから」と譲りません。確かに会則には、「本会は、以下に掲げるような地域的な共同活動を行うことにより、良好な地域社会の維持及び形成に資することを目的とする」とあり、その第一項が「回覧板の回付、月報の配布等、区域内の住民相互の連絡」、そして指針には「月報、役員会報告など会員に徹底すべき書類は各戸配布とする」となっています。しかも昨年度は、月報の頭に会員の名前を入れたほどの念の入れようです。

確かに、「地縁」の薄れた今日、つまり地域を基礎とする社会関係が衰退している状況下では、会員同士をつなぐのは防災活動や見守りなどの数少ない活動と、月報をはじめとした情報交換が大事な情報共有のキーです。この年の重点事項の一つがこの情報共有でしたから、「毎月発行するのは大変だな」と思いつつも、やると決めたからには徹底して実施することにしました。

月報による会員への情報伝達は、「読んでもらえる」「読みやすい」「おもしろい」「役に立つ」ことが欠かせません。さっそく最初の役員会で、月報のあり方や作り方を審議しました。すると、「どなたかに寄稿してもらったらどうか」「会員の意見を載せる欄がほしい」「役員全員による編集委員会を作ってはどうか」「読者のひろばコーナーもほしい」など、多くの意見やアイデアが出されました。みなが同じ気持ちになってくれたことが嬉しくて、私もさらに熱が入りました。

しかし…、いざ月報づくりを始めてみると、予想外の展開に戸惑いました。「では、寄稿は誰に頼みましょうか？　具体的なアイデアありませんか」と期待を込めて聞いてみても、返される答えは判で押したように「会長一任」。あれ？　変じゃない。「次号は、地域担当で記事を書くのはどうですか」と投げかければ、「私は文章を書くのは苦手なんです」とか、「今は連絡も携帯メールで済むから、手紙もさっぱり…」との返事。それでもめげずに、「思ったこと素直に書けば、なんとか書けるものですよ」と促がしてみると、「五、六行の文章を書くのに二日もかかるの」と言われ、「では、文章は短くていいからイラスト入れて！」とお願いするのが精一杯…。役員全員での共同編集を！との方針も、瞬く間に有名無実になっていきます。

でも、住民の多様化につれてますます個人の顔が見えにくいのが郊外住宅地。私は、「共助を支えるのは、顔の見える関係」と信じて、「会員の顔が見える月報づくり」を最後まで貫きました。

さて月報では、「防災活動」や「住民交流」を中心に、相前後して、自治会の活動の予告や背景、活動の状況、また行政や連合会など関係する団体の行事などの折々の情報と、トピックを扱った巻頭言や「特集・地域防災づくり」を組んで防災活動の体系的な紹介、「特集・地域の環境づくり」などの活動周辺の情報を、毎号掲載することを心掛けました。その結果、前年度は二頁の月報は六頁に増えてしまい、「田丸市からの配布物やチラシが多すぎる」と文句を言ってきた本人が同じ間違いをしていることに苦笑しつつも、一年間続けました（図3）。

「楽しく読んでもらえる月報」づくりには、お母さん副会長の徳山さんの選ぶ、可愛らしく優しいイラストが一役買いました。徳山さんは、キツイ坂を小さな自転車で喘ぎながら、印刷、配布と丘の上自治会内を奔走する献身的な姿が感動を呼びました。

「今度は何日の発行ですか？」「隅々まで読んでいますよ」「何度も繰り返し読んでいます」「大変ですね、でもよろしくね」などと、お世辞でもいい、声をかけられますと、私もその気になって書き続け、配り続けました。家内が言うところの私自身の「ほめられたい症候群」も少なからず影響していたことは間違いありませんが、私はこれを逆手にとって、「十数年に一度の自治会

4月号
- 特集：自治会に期待されていること
  ～自治会の役割と協力のお願い
- 連載：防災力づくり①
  ～地震の強さ「マグニチュードと震度」
- 編集後記：副会長 徳山さん

5月号
- 特集：ますます広がる地域の活動
  ～連合会長の意向を通して地域活動に対する理解
- 連載：防災力づくり②
  ～震度と被害予測について
- 編集後記：副会長 金沢さん

6月号
- 特集：住み続けられるまち
  ～このまちに住む著名な漫画家と随筆家夫婦の住居歴
- 連載：防災力づくり③
  ～地震の起きる確率
- 編集後記：会計担当 大阪さん

7月号
- 特集：丘の上神社の歩み
  ～室町時代以降続く近くの神社の住職による神社の由来
- 連載：防災力づくり④
  ～自分でできる地震対策
- 編集後記：自治会館管理担当 町田さん、栃木さん

8月号
- 特集：まちのコミュニティ
  ～まちの居場所としての理髪店店主からの聞き取り
- 連載：防災力づくり⑤
  ～地震に備える
- 編集後記：健康づくり担当 甲斐さん、名児耶さん

9月号
- 特集：住み続ける・住みつなぐ住まいと地域の条件
  ～自治会の実情
- 連載：防災力づくり⑥
  ～地震時の避難対策
- 編集後記：環境担当 長岡さん

10月号
- 特集：石川啄木からのメッセージ「理想の我が家」
  ～啄木が死ぬ前に描いた理想の我が家への想い
- 連載：防災力づくり⑦
  ～延焼防止の決め手
- 編集後記：監事 荒川さん

11月号
- 特集：母の想い
  ～空き家の持ち主との会話から空き家の意味
- 連載：防災力づくり⑧
  ～被災経験がつくった住まいのかたち（阪神淡路被災者の言葉）
- 編集後記：会長 握千九答

12月号
- 特集：新たな共生的共助
  ～これからの共助のあり方
- 連載：防災力づくり⑨
  ～世代を超えた活動の継承

新年号
- 特集：初夢
  ～「一富士二鷹三茄子」の現代的解釈
- 連載：地域の環境づくり①
  ～三つの名前をもつ猫の話（ペットの糞対策）

1月号
- 特集：地域ケアにつて考える
  ～次年度の重点活動と絡めて
- 連載：地域の環境づくり②
  ～敷地に価値なし、地域に価値あり（共同活動の推進の呼びかけ）

最終号
- 特集：この一年の活動を振り返って
  ～次年度の重点活動とその意味
- 連載：地域の環境づくり③
  ～地域の環境づくり（育てたい共の意識）

図3．月報で扱った題材の一覧

役員は、その年の舞台で踊る主役！」として、共助に向けて右へ左へと、奔走する役員のモチベーションを支えているのだと、密かに思うようにしました。月報の末尾に編集後記を設け、役員を写真入りで紹介してきたのは、「あの人はこれができる」「あんなことしている」と、会員に知ってもらうだけではなく、主役の役員のモチベーションを高めるためでもあるのです。

間違いなく、月報づくりは大変な作業です。しかし、慣れてくると一定の形ができてきますから、みなが思うほどのこともないのです。でも、これはあまり言わない方がいい。「書けなーい」と言う役員の目がにわかに尊敬に変わってきますし、何よりも役員間の連携が格段によくなってくるのがわかります。「ええ、でもみなさんのためですから」と軽く受け流す。中には「処分に困った」と言うぐらい楽しみに読んでくれることになる人も潜んでいますから。

コミュニケーション不足が情報共有の壁に

情報共有がうまくいかなったこともあります。原因はコミュニケーション不足です。

じつは、こんなことがありました。その日は、わが自治会の防災活動を近隣の町内会・自治会に紹介する晴れがましい日でした。しかし、参加者を引き連れて防災ひろばに着くや否や、突然近所のおばさん方に囲まれ、「誰があんなひろばを計画したの！」とえらい剣幕で迫ってきました。「え！」。私は一瞬氷つき、「今は待って。あとで話しましょう」と何とかその場はしのぎました。その夜、自治会館に来てもらい、話を聞くと、どうやら少々誤解があることがわかりました。隣接する近所の住人にとって「いつでも、誰でも、自由に使える開放的な防災ひろば」は、見知らぬ人が立ちションベンをする場所であり、ペットの糞が置き去られる場所になるというもの。環境美化に影響が出ると受け止められていました。そして予想もしなかったことですが、ベンチを置くと言うだけで、若い男女がイチャイチャする風紀の悪い場所に変わってしまうのです。私こと現会長が余計な火種を蒔いた、とでも思ったのでしょう。陶磁器製の小さなベンチでさえ、イチャイチャできるほど大きなベンチだと誤解され、ペットの糞の置き去り防止の看板もチェーンも、「自由に利用しやすいように」との理由で取り外したにもかかわらず、相変わらずの糞の置き去りに業を煮やしていたご近所からは、勝手に取り外した犯人扱いです。一時は「やっていられるか」と開き直ったものですが、これも情報をていねいに共有することができていなかったことが生んだ掛け違いだったと思います。

行政からの各種さまざまな情報の共有はどうでしょう。本来なら、田丸市報のように新聞各紙に折り込むなど、行政が自ら配布しなければならないものです。自治会という便利な組織を使って配られる配布物が、今にも作業場の机からこぼれ落ちんばかりに溢れています。田丸市からは月平均五通で年間六〇通ほど、それに警察や消防、博物館や美術館、小学校などを含めると年間一〇〇通ほどが届けられてきます。配れば用が済むと思っている行政の思惑も気に入りません。ただ配るだけではそのままゴミ箱に捨てられるのが落ちですから、防災時の避難場所や施設の変更、都市計画の見直しや小中学校の行事など、会員に大切な情報は、月報に書き直して載せるなどの工夫が必要です。

もちろん、行政にとっては自治会加入者だけが市民ではありません。自治会加入者は田丸市人口の六〇パーセントに過ぎないこともあってか、今では多くの情報がいつでもどこでも閲覧できるように公式ホームページで公開されています。しかし、インターネットは高齢者には使えないですし、慣れていても使いこなすのがむずかしい道具です。田丸市のホームページのトップ画面を開いたところで、難解な行政用語に面喰います。その上、ほしい情報になかなか辿りつかない。知りたい担当部署を探すのに五、六回もクリックしないと見つからないこともざらです。

一方、ホームページの作成やパソコン操作をしているだけで広報活動を完了したと勘違いしている一部の職員の風潮も気になります。電話での問い合わせにも、「ホームページに掲載されていますから」と、つれない返事が返ってくることがままあるのです。

また活動を続ける中で、住民からも行政からもしばしば発せられたのが「個人情報保護法」（注2）

です。何とも冷たい響きのこの言葉が、今や住民の間で堂々とまかり通る。「家族の人数を調べてどうするの？」「わからない人はわざわざ調べる必要もないんじゃないの？ 放っておけば」。行政の担当部署でさえ、「災害時要援護者の名簿は、守秘義務があるから無断では見せられない。自治会で必要なら会長自身が取りに来てほしい」と結構高ビーな態度です。

最近開かれた国会では、災害時の要援護者の対応が問題となり、個人情報保護法の一部解除が話し合われたと記憶しています。災害時要援護者とは、高齢者、障害者、乳幼児、妊婦、傷病者、日本語が不自由な外国人といった災害時に自力で避難することが困難な人のことです。二〇一三年五月の新聞には「災害弱者名簿は形だけ」という見出しが躍り、二〇〇五年に取りまとめられた、災害対策基本法に関連したガイドライン（注3）で、平時から災害時要援護者名簿を整えるように地方自治体を促したものの、要援護者情報の収集・共有が進まない実情が紹介されていました。「個人同意」を求める個人情報保護条例を意識して名簿は作成したものの、掲載をためらう及び腰の自治体が多いと言います。こうした実情に対して二〇一三年の国会で災害対策基本法を改正

【注】

（2）「個人情報保護法」（正式名称　個人情報の保護に関する法律）とは、二〇〇三年に成立した、個人情報の有用性に配慮し、個人の権利や利益を保護することを目的とした、個人情報を取り扱う上でのルールを定めた法律。

（3）災害時要援護者の避難支援ガイドライン。内閣府発行、二〇〇六年改訂。

し、名簿作成と地域の協力団体に対する提供を義務付ける方向で検討がされると報じられましたから、少しはよくなるのではないかと期待したいものです。

隣人同士よく知っていて、何かあれば助け合う昔の風習が陰をひそめ、無味乾燥となった社会…。こうした社会を作り出しているのは、自信を失くした行政とともに、各自の意識の持ちようではないかと気付かされたのも情報共有を目指した活動の結果です。のちに地域ケアで紹介する地区には、名簿の交換に加え、不在時の連絡先までお互いに共有して、住民の意思でこの壁を乗り越えようと奮闘しているところもあります。

著名な情報誌の編集者から、「自治会はツリー構造で官庁臭さが漂うから嫌いだ」と指摘されたことがあります。上意下達、上から目線の体質がなじまないからでしょうか。またかつて町内会や自治会が政治的に利用されてきた歴史のせいでしょうか。

しかし、災害時の住民救助やその後の被災地の復興の実態が示しているように欠かせないのがこの仕組みです。行政からの情報を素早く伝達するには普段から体制が整っているこの形は打って付けです。相互の顔が見えないのが欠点ですが、うまく小さく分割された組単位などを活用すれば、その欠点を補うこともできます。またすべての情報が流されますから、興味のない一部住民にとっての情報は迷惑千万ですが、発信元が情報を的確に層別すれば、効率よくかつ確実に伝えられるはずです。私たちの安否情報確認訓練が発令後三〇分、遅いところでも四時間ほどですべての状況が把握できたのはこの仕組みのお陰です。

根から幹、幹から枝へと広がる木の構造に似たツリー構造に対して、地下茎のように張り巡らされた情報伝達の仕組みをリゾーム構造と言います。この仕組みは必要なときに、必要なところから情報を得ることができますから、自らの目的達成には近道ですが、どこへ行けばよいのか、誰と話せばよいのか、住民自身があらかじめよく知っておくことが必要です。「道路の陥没の恐れがある」（93頁参照）「あそこの道路は子どもや・高齢者の横断に危険なので横断歩道の設置してほしい」などの要望が、私や役員宛てに直接かけられてきましたが、すぐ行動できる分、解決が早くなります。

自治会館の効用

丘の上自治会の自治会館は、二〇年ほど前、浄化槽の跡地に、建設費用の四分の三を自前の資金でまかない、残りの四分の一を田丸市からの補助金を加えて建てられました。一階は三〇人ほどが入れるホール、二階には一〇畳の和室、それに流し、給湯器、エアコン完備で、丘の上自治会で購入した印刷機が備えられた、延一〇〇平方メートルの木造二階建てです。丘の上自治会の活動が絶えることなく続いてきたのは、この自治会館のお陰と言ってもよいほどです。自治会館を持つ自治会・町内会は、田丸市内三〇〇ほどの組織のうち半数といわれていますから、羨ましいと近隣自治会の羨望の的です。何しろ自治会活動は、「いつでも集まれる場所」がある／ないで大きく左右されるほど重要な拠点です。

自治会館は、丘の上自治会の使用が全体の約一〇分の一程度で、年間七〇時間。残りは囲碁・詩吟・麻雀・俳句・親睦会・茶道・親睦会・女性コーラス・最近始まった高齢者向けパソコン教室などで、年間一〇五〇時間ほど使われています。会館の外を横切ると、微かにジャラジャラと麻雀パイをかきまぜる音や、詩吟の唸り声が響きます。また外部に貸し出すこともあり、年に何度かは踊り出したくなるような楽しい女性コーラスの歌声が微かに聞こえてきます。

夏でも冷房のよく効く自治会館は、格好の避暑地でもあります。利用者はお互いに深く干渉し合わないことが暗黙のルールとなっていて、自治会会員といっても仲間内だけの若干閉鎖的な活動は気にかかりますが、会館管理担当の役員以外にはくわしい情報が漏れ出ることはありません。気軽に楽しんでいる様子は自治会の住民交流の底上げになくてはならないグループ活動で、「何かの際にはきっと役立つ」と思わせます。最近は、高齢者が増えたせいでしょうか。「集まる日を間違えた」「鍵を掛けたかしら」「空調は付けっぱなし」など、最近どうも使い方が怪しいと、会館管理の栃木さんや町田さんから報告され、自治会館使用規則に基づいているといっても、自治会以外の住民に貸し出す際にはちょっと心配になります。それでも、利用者の生きがいになっていると思え、「そろそろやめたら…」とは言えません。会員の葬儀や祭礼などの利用はめっきり姿を消しましたが、こうした同好会の活動は依然として活発です。

しかし、この自治会館も年間の維持管理費を利用料収入で賄えない状況が続いていて、せめて収入と支出が均衡するように利用料改訂の検討を、次期役員に託すことになりました。建築後二〇年を経過した建物は、今後、維持管理費がますます増えることが予測されます。将来の建替えの蓄財をしてはいるものの、突然に被災でもしたらひとたまりもありません。被災時の補助金制度がないからです。売却する土地はすでにありませんし、自前での資金調達には限界がありますから、これからも田丸市の助成金頼り。建て替えの助成金が申請ができる目安となる「築後五〇年経過」までは、田丸市の修繕補助金を頼りに節約を心掛けるしかないのが実状です。次年度の重点実施事項の一つとして、「自治会館の財政健全化」を挙げた背景です。

広がる共助でまちづくり

なんとも不思議な夏祭り

山川学園地区がまちの形をなして八〇年、丘の上自治会ができて五〇年。各地から集まって住むこのまちの夏祭りは一風変わっています。神輿もなく、祭りを知らせる神楽も花火もありません。社会学者・若林幹夫氏が、郊外の団地で行われてきた祭りを指して言うところの「神々のいない祭り」ですが、なぜかそれに替わって沖縄のエイサーやよさこい踊りがまちを練り歩く。駅前の道路を一〇〇メートルほど、消防団の消防車で遮って開催されます。浴衣姿の子どもたちやお嬢さん、地元のおじさん・おばさんに、縁あるものが駆け付けて、道路に面した空き地に設えられた舞台で踊る、歌う、楽器を奏でる…。そして、ところ狭しと続く出店には、日頃から見知った地元商店街の店主が振る舞うフランクソーセージや焼きそばが並ぶ。祭りを陰で支えているのが商店街の若い衆、地区委員、ボランティアです。綿飴、ヨーヨー風船、金魚釣りのお店を仕切るのはみな素人です。

山川学園地区には誇る伝統も文化もありませんが、この祭り、なぜか見知らぬ者同士が集まって、それぞれが設えた舞台でそれぞれが個人の想いを発散する機会になっています。一九七三年に始まり、途中三年間の中断を挟んで一九八一年まで続いた地元・田丸市の市民祭がありましたが、集まった人数に応じて「△万人の個展」と称していたと、先の若林氏の著書に触れられていて、山川学園地区の夏祭りはそれに似ています。「何でもあり」の、それは楽しい、そして不思議なイベントです。「私の田舎の祭りみたい」。ここにいると、誰もがそう勘違いするほどです。

翌朝、何事もなかったかのようにきれいになっている商店街を眺めながら、八〇年前によそ者が集まって住み始めたまちの、風変わりな祭りに寄せられた住民の想いと熱気を感じながら、つい「続けてほしい」と願ってしまいます。

さわやかホールにかける想い

地域のど真ん中にある東京都の土地に、さわやかホールが完成して十年が経ちます。一〇〇人ほどが収容できる大きなホールと二〜三〇人ほど収容できる小ホールに和室の構成で、地元行政が施設建設と所有を、山川学園地区の町内会・自治会連合会（山川学園地区連合会）が主体となって運営しています。運営が赤字になれば、山川学園地区連合会傘下の町内会・自治会がその補填をします。事業リスクを負う形が功を奏して、年間六割程度の高い稼働率と、開設以来黒字を続けています。日常の施設管理は山川学園地区連合会傘下の町内会・自治会からの責任者で構成されるこのホール施設委員会が引き受け、また清掃や花壇の整備は協力員が実施するなど、徹底した経費の削減が図られています。山川学園地区連合会傘下の町内会・自治会の会長は、退任後、ここの協力員に加わることになっていて、人材の補填も万全です。ホールの存在が、山川学園地区連合会や各町内会・自治会、社会福祉協議会、交通問題協議会など地域の会合や公・共一体の活発な活動を支えてきました。

私は、丘の上自治会会長任期中、さわやかホール施設委員会副委員長を務めていましたが、役員退任後の初夏、このホールの花壇の苗植えの役割が私に回ってきました。役員当時はさわやかホール担当であった徳山さん、栃木さん、荒川さんが務めてくれた役割です。田丸市の苗畑から二〇〇〇近くの苗をもらい受け、有志で植えました。朝四時まで準備してきた崎田さんを先導役に、伊勢崎会長、丘の上自治会の元会長ほか、朝九時に集合したメンバーが四台の車に分乗して、近くの苗畑に向かいました。

二時間ほどでホールに戻れば、すでに各自治会元会長、栃木さん、それにこの年のホール担当の面々が花壇の整地を始めていました。指揮をしているのは、崎田さんと元田さん。暇をみつけては、開墾、草取り、水遣り…と、花壇の面倒を欠かさない地域では有名な二人です。「精が出ますね」「結構、腰にきますよ」。みな、それなりの年齢です。私は、「女子学生かと思いましたよ」とからかうと、「あらいやだ、また冗談を。いつも口ばかりなんだから」と少し嬉しそうな声が返ってきます。防災ひろばづくりで奮闘した林田さんは、「私がやるからここはいいわよ。握千九答さんは口だけでも雰囲気を作ってくれれば」と言ってくれました。

こうしてみなが集う、まさしく地域の共助で運営されている地域のシンボルが、さわやかホールです。私がさわやかホール施設委員会副委員長を務めた当時の一月、開設一〇周年を迎えましたが、式典の最後に中締めを指名されて、挨拶に替えて私が吹くハーモニカに合わせ、次第に大きくなる「ふるさと」が、そのことを物語っていると感じた一瞬です。

「健康づくり」の具体化を市長へ直談判

「精が出ますね」。家の前を犬の散歩でお互いに声をかけ合うおじさんやおばさん。「毎朝、あんな遠くまで走るんですか？」。川沿いの道を往復するおじさん・おばさん。そんな姿を日常的に目にします。

また、山川学園地区連合会の役員は、私より年配の方々ばかりで、一見すると老人会と見間違えるほどですが、驚くことにみな元気です。駅まで一五分の道のりでさえやっと辿り着く私に比べて、その健脚振りは頭が下がります。丘を下りて上ってまた下りてそしてまた上って…。まるで高い建物を何度か上り下りするような坂道を二〇分近く歩いて会合の場所（会所）まで歩いて来られる長野会長や、まちのどこであろうとひたすら歩いて行かれる、四〇年このかた車には乗っていない伊勢原会長、また休日にヒマラヤの四〇〇〇メートル級の高地にトレッキングに行かれたという三崎副会長と、悠々自適の年代とは思えないほど健康に気を配りながら、日々、体力づくりを行っています。

健康づくりは、自らの健康を気遣って体調を整えるということのような自助努力が基本にあるにもかかわらず、田丸市では各自治会になぜか「健康づくり推進委員」を委嘱してきました。これ

二〇〇〇（平成十二）年に厚生労働省から「21世紀における国民健康づくり運動（通称：健康日本21）」が通知されました。人々が健やかで心豊かに生活できる活力ある社会をめざし、9分野（栄養・食生活、身体活動と運動、休養・こころの健康づくり、たばこ、アルコール、歯の健康、糖尿病、循環器病、がん）に対する数値目標が示され、ガイドラインに基づいた地域での運動の推進などが各行政に求められました。その後、医療制度改革の一環として、二〇〇二年には「健康増進法」が制定。「健康日本21」も二〇〇八年と二〇一三年に改編され、より積極的な健康づくり・疾病予防の推進が求められています。行政によっては「健康づくり推進委員」を設置し、地域住民に委託して健康づくりを推進していますが、田丸市では一九五五（昭和三〇）年に始まった生活改善普及活動の高まりを背景に、一九八六年から健康づくり推進委員を設置しています。

　また現在、国会でさかんに議論されている「社会保障と税の一体改革」は、この先数十年後には国家予算に到達する勢いで伸び続ける社会保障費と医療費の対策にあるようです。そう考えると、自治会における健康づくりの活動は「自助」の範囲を越えた共に取り組む課題といえそうです。

は一体何なのでしょう。健康づくり推進委員の主な業務については、市の主催する骨密度の検診や講演会やフォーラムなどへの参加要請に応える程度ですが、八二歳の古参おばあさん・甲斐さんから「講演会では当たり前のことしか話されないから、出ても意味がない。時間のムダよ」「それよりその分、自治会活動をした方がいい」と聞かされていたものです。「健康づくり推進委員」は何もしなければそのまま過ぎてしまう役割です。

そこで私は行政の担当部署に、「健康推進といっても講演会開催以外には何か行政の施策はないの？ たとえば健康づくりの場を安く提供するとか、自治会館の床を体育館並みに改修する費用に補助をするとか。ある行政では疾病予防の目的で、利用率の低い民間アスレチックセンターの利用券を安価に住民に提供しているところもあるとか」など、伺うことにしました。しかし、例を出して聞いても「はい、検討中です」ということですから、その一辺倒の窓口での対応をあきらめ、私はある機会を捉えて竹坂市長への直談判に及びました。すると市長は、「来週の議会で決めることになっている。近々、公立小学校の体育館にシャワー設備の設置を始めることにした」と言うではありませんか！ 思いもよらぬ回答に吃驚しましたが、嬉しかったですね。市長も考えているのです。「健康づくり」の取り組みが、介護保険制度や医療制度の行政の支出削減につながり、ゆくゆく行政にはそのメリットが還元されることを、です。

日常的に必要な「地域ケア活動」を

今、どの地域の町内会・自治会でも、高齢者の見守りや、また共働きや引っ越してきたばかりの若い夫婦の子育て支援など、地域内のケア活動（地域福祉活動とも言う）が課題になってきました。こうした住民への地域ケア活動をとりまとめる目的で、「いつでも、助けてと言える」を合言葉に、数年前、我が丘の上自治会のある山川学園地区に、田丸市内最初の地区社会福祉協議会が設立されました。傘下の三〇近くの団体が参加していますが、まだ住民の三～五パーセント程度が参加している程度に過ぎないようですが、近いうちに丘の上自治会にとっても主要な活動になることは間違いありません。

しかし、こうした活動は、立ち上げから現在まで、実体験を持つ方々の熱意で支えられ、生半可な気持ちで発言しようものなら、「何を言ってらっしゃるの。現実はそんなもんじゃないわ、握千九答さん」と一蹴されるのが落ちで、新たに参加しようと思い立っても取り付く島がなく、すんなりとはいきませんでした。

その上、前述したような「時差的共助」（35頁参照）と私が呼んでいる住民相互の助け合いは、成果を享受できる方が一方に偏るせいもあるのでしょう。高齢者の見守りはいずれ世話になる時が来ると思いつつも、まだ間があるので「うちには関係ない」から関わりたくない。また子育て支援も「もう子育てには関係ないわ」と思われてしまう。我が丘の上自治会でも、担当の役員を置き備えはしているものの、活動の熱心な山川学園地区でさえ、年二回の関係者の懇談会に参加する程度で、丘の上自治会の活動としては定着していないのが実状です。

この高齢者の見守りや生活支援は、地域の喫緊の課題というだけではなく、古希に近い私自身にも切実な問題として迫っているのです。ところが、やれ介護保険制度だ、社会保障制度だ、やれ在宅介護だと、制度が重なり合っている上に度重なる変更が行われ、どの制度を利用して活動をすればいいのか、それとも自治会としての活動なのか判然としません。私はこの課題が観念的で具体性に乏しいと感じつつも、とりあえず山川学園地区にある高齢者支援センターを運営する非営利活動法人の評議員になり、自治会内の地域ケア活動を次年度の重点実施事項として次期役員にも引き継ぐようにするなど、準備だけは怠らないようにしています。

地区の高齢者支援センターが主導して開催された、地域ケア活動についての山川学園地区の話し合いでは、「高齢者支援センターを軸に、行政が自主防災隊の単位としている町内会・自治会、民生委員や地域ケア活動の担当者が連携して活動する」と、今後の方向が示され、お年寄りや弱者が日常的生活に必要な地域ケア活動を、自主防災組織に一体化して、行政と地域の縄張りをなくす、という提言がされました。また、「一・災害時の安否確認。二・平時におけるさりげない見守り」をテーマに、活動の円滑化を目指して、緊急用の家族名簿の作成や交換、何かあれば夜でも目立つ白いタオルを門に掲げて近所にお知らせすることを始めた、山川学園地区内の事例が紹介されました。個人情報保護法の壁を住民の合意で乗り越えたケースで、これこそ私は共助によ る活動のいい例ではないかと思います。

しかし、高齢者問題の本質は、自宅で最期を迎えたいと望む方が圧倒的に多い中で、自宅で死にたくても介護を支える家族はいない。病院で最期を迎える率が八〇パーセントに達するにもかかわらず、病院のベッド不足から在宅医療を促す医療制度や、施設への入居よりも施設への通所や在宅介護を促す介護制度のもとで、看取るまでの期間を「地域がいかに関わることができるかどうか」という深刻な課題を抱えているのです。地域ケアの必要性が叫ばれる一方で、今後、ますます増え続ける社会保障費を少しでも削減するために、個人個人は自立して、最後まで生き切る努力を求められているのも現実です。希望と現実を、地域がいかに叶えられるかが問われているのです。

地域の課題は地域で解決

丘の上自治会にとっては、自治会独自の活動以外に、田丸市の町内会・自治会連合会（市連）、

表4．地域活動一覧（４月から４か月間）

4月	小学校入学式※、中学校入学式※、さわやかホール清掃※、社会福祉協議会理事会、同ネットワーク会議
5月	社会福祉協議会理事会※、市連合会役員会※、社会福祉協議会総会、まちづくりの会※、連合会総会※、市総合水防訓練※、春の駐輪・駐車秩序正常化キャンペーン※、青少年健全化育成地区委員会定例委員会、市連総会※、交通問題協議会・コミュニティバス推進委員会※、さわやかホール施設委員会総会※
6月	中学校体育祭、社会福祉協議会ネットワーク会議、地域ケア会議※、防犯活動責任者連絡会議※、連合会会長会議※、青少年健全化育成地区委員会定例委員会、さわやかホール清掃および草取り※、小学校ふれあいまつり、市消防団ポンプ操作大会※、廃棄物減量等推進員委嘱式、青少年健全化育成地区委員会
7月	自主防災組織新任班長講習会※、市連役員会義、合同総合防災訓練隊長会議※、健康づくり推進員総会、青少年健全化育成地区委員会定例委員会、小学校まつり、さわやかホール清掃、連合会会長会議※、社会福祉協議会ネットワーク運営会議、ごみの資源化検討委員会、NPO法人評議員会※、環境問題市民意見交換会、夏祭り、防犯リーダー講習会※

市連＝田丸市町内会・自治会連合会、連合会＝山川学園地区町内会・自治会連合会
※印＝会長出席

山川学園地区町内会・自治会連合会（山川学園地区連合会）、地区の社会福祉協議会、交通問題協議会、地元消防署や消防団、地元警察署、小中学校、高齢者の見守りなどの地域ケア活動、まちづくりの専門家集団などによる行事への参加と、じつにさまざまな活動で溢れています。先に記した合同総合防災訓練への参加もそのひとつです。こうした地域活動は、今では自治会の半分以上を占めるまでに拡大しており、活動に対する予算も二五パーセントを占めるほどになっています。四月からの四か月間に役員が手分けして参加した活動をまとめると表４のようになりますが、この調子で一年間続くのです。

一九九九年には、山川学園地区の大小六つの町内会・自治会が構成員となって、「地域共通の課題は合同で解決する」主旨のもとに連合会（地区会）が作られました。創立以来、市内に一〇ある地区会の一つとしてさまざまな活動を牽引し、いくつかの地域住民の要望が結実し

てきました。子育て支援施設や高齢者支援センター、さわやかホールの完成、駅前の駐輪場の整備、コミュニティバスの実現、まちづくり憲章の締結などがなされ、まちに少しずつ変化をもたらしてきました。田丸市も、連合会でまとめられると、個別の課題であっても対応する十分な根拠になるのでしょう。

こうした活動の推進役は何といっても連合会会長で、その役割は重要です。山川学園地区では、構成町内会・自治会のうち最大規模の町内会会長が務めることになっています。この年の山川学園地区連合会会長は伊勢原さん。七五歳には思えない元気さで、まちを駆け回っています。地区の社会福祉協議会や交通問題協議会、さわやかホールの施設委員会委員長、そして市連の役員を兼務するわけですから、奮闘とはこの人のためにあるのではないかと思えるぐらいの忙しさで、地域の集まりにはほとんど出席する大変な役割です。

「今どちらですか？」「町内会事務所です。資料のコピーをしていますよ」。私が伊勢原さんに電話をかけるのは決まって夜の八時頃です。一センチほどの厚さになる資料を会議用に一人でコピーしていると言うので、「どなたかいないのですか？」と聞くと、「自分でやった方が早いから」との返事。重い資料をキャリアーバッグに詰め、いくつもの坂を上り下りして、会合の場所から次の場所へと渡り歩く伊勢原会長をまちでよく見かけたものです。

我が丘の上自治会は、残る五団体では二番目の規模で歴史は一番古いことから、隔年で山川学園地区連合会の副会長と監事役を交互に務めてきました。今年、私は幸い負担の少ない監事役の順番でした。しかし一年任期では役割も名ばかりで、「何とか二年任期にならないの？」と言われるはずです。例年の丘の上自治会会長は、大した役割も果たせないことに悩みつつ、静かに過ごすことがほとんどでした。しかし私は、今後の活動の火種になると思い、慣れてきた頃におせっかいながら提案をした次第。どうも新たな苦労を背負ってしまうのが私の性癖のようです。

山川学園地区連合会の面々は元気なお年寄りが多いせいでしょうか。山川学園地区連合会主催の毎年実施されてきた住民交流会は決まって「秋の健康ウォーキング」。この年は、近郊の川沿いの歩行者専用道路、団地、近くの観光スポットを抜けて公園で昼食。その後、近くの別の団地を抜けて、さわやかホールに帰る一〇キロメートルほどのウォーキングが企画されました。各自治会の旗を目安に四〇〇人が縦に二〇〇～三〇〇メートルの隊列を組んで歩く姿は壮観です。途中からは各会が入り乱れ、おばさんもおじさんもありません。「ご苦労さん」「お疲れさま」。うしろからは歳を見間違えるほどの出で立ちに、ついつい「お嬢様、元気ですね」と冗談も交じる、静かなまちに賑やかな一団です。

しかし、疑問も湧きました。元気な者が参加する、一日だけの健康ウォーキング。変ですよね。そこで、これに関連しておせっかいな提案を投じました。星旦二氏と荒尾孝氏を招聘して、山川学園地区連合会とある研究会の共催で、秋に開催した「ＰＰＫ（ピンピンコロリ）のススメ」の講演会です。「死ぬまでピンピン、そしてコロリと死ぬ」を意味する同名の著書を執筆したのが、講師の星旦二氏です。坂のまち・山川学園地域を元気に生き抜くための自助努力のススメです。講演会を企画した背景には「一番長生きする長野県(注4)では、山坂が多く、高齢者には極めて生活しにくい地域にもかかわらず、その地形を健康づくりに生かした結果、病院が少ない、介護施設が少ない、医療保険による支出も少ない」と講師を打診した九月頃、すでに星さんから伺っていたからです。

そして講演会当日、両氏からの指摘は、揃って「健康づくりの活動を楽しく継続するためには、モチベーションづくりが必須」と言っていました。これはまさに、地元の有志が毎春に実施している雛飾りを展示する家々を回る「雛巡り」や、ギャラリーを開いているお宅を巡る「ギャラリーウォーク」、ゴミ拾いや清掃活動をしながら歩く「クリーンウォーク」、近所の庭木の剪定をして

【注】

（４）２０１０（平成二二）年の国税調査に基づいた厚労省の発表によると、都道府県別平均寿命（男性）の第一位は長野県松川村。沖縄にとってかわる長寿の県として、近年注目を集めている長野県は、病院が少なく、介護施設も少ない。つまり医療保険による支出が少なくなっています。一方で、山坂が多く、高齢者には極めて生活しにくい地域となっています。

回る「植木の会」、まちなかの景観探し「オリエンテーリング」なども、見方を変えれば立派な健康づくりの活動です。

しかし一方で、活動が周辺に広がれば広がるほど、これは丘の上自治会の活動なのか、別の疑問も湧き上がってきます。自治会として会費や協力金を支払っているだけに、活動がどこまで広がるのが適正で、そのために自治会としていくらの予算を見込めばよいか、難しいところです。

子育て支援や高齢者への地域ケア活動は「時差的な共助」（35頁参照）を目指すものであるならば、自治会住民もいずれ成果を享受できますが、趣味の会に近い活動に自治会費を充当するのは疑問ですし、同じ自主防災隊である消防団への協力金は、田丸市からの丘の上自治会への補助金に近い多額の支払いになります。「多すぎませんかね？」と私から山川学園地区連合会の伊勢原会長に問い質したり、「消防団への市からの運営支出金を増額できないものか？」と市の担当部署に詰めよったりしたものの、「以前からのいきさつがあるから」「田丸市の消防団への運営支出金は、近隣の自治体と比べてもそん色ない。自治会が払うか払わないかはそれぞれの自治会の問題」と冷たく対応され、丘の上自治会としては今後、どのように拠出するのか、将来の展望が描けていないままで未解決です。

住みやすい暮らしを求めて

地盤に潜む困った問題

丘の上住宅は、多摩丘陵内の旧河川に沿って形成された沖積低地が複雑に分布している地域です。こうした地盤は住宅地としては十分強固なものですが、宅地造成で地盤の特性が大きく変わり、地震時や水の浸食が悪さをする原因ともなります。

この地域でじっさいに起きた話です。ある日、こんな電話が入りました。「会長！自治会館前の道路が陥没しています！」。またある日は、「会長！うちの前を車が通ると、その振動が家に響くんです。あまり激しくて、夜もおちおち眠れません。この間、マンホール点検の際に覗き込んだら、道路の脇に空洞が見えたんです。どうしたらいいでしょう？」。

陥没については、近くの住民から行政への緊急連絡で応急処置が施され事なきを得ましたが、空洞の件は、急きょ、午前中の勤務を休んでお願いの市役所回り。二日後、その後の様子を伺えば、「翌日に調査し、すでに補修課に連絡済みです」とのこと。その翌日には「補修完了しました」と担当者からメール。あまりの早さに、「市もやるものですね」と吃驚して言えば、「安全第一ですから」との返事。行政は仕事が遅いとの先入観が払しょくされた出来事でした。感激して、「ありがとうで対応すれば、得るもの多し、行政へのお願い」と、私はこの時の様子を月報に「田丸市の迅速な対応」と題して書いたほどです。

その安堵もつかの間、再び電話です。今度は川下さん宅での出水です。川上さんは、丘の上自治会の新参会員で、家屋を新築されたばかり。見るからにしっかり造られたお宅ですが、隣家の川下さん宅との間に、地境の崩壊を防ぐためにコンクリートで造られた擁壁が原因で、生き場を失った地下水が境界付近の別の場所から湧き出したらしいのです。そこで、「何とかならないか」との相談です。話だけでも聞いてほしいと頼まれたら最後、息子さんを交えた話は一時間半に及びました。これまでも時には業者や行政も交えて、長い間両家の間で協議してきた様子ですが、埒が開かず、今や両家の間は冷戦状態です。

一度は、「民々の問題は民々で解決して」とは言ったものの、必死な御夫婦の想いや不安を感じ、ヒョットしたらと期待を抱いて、私は行政担当者を訪ねてみることにしました。すると、「水は低きに流れるもの。この水の流れについては下流の近隣から上流の近隣へ申し立てはできない」と。要は、行政では手が出せないのです。「泥水が出たら連絡して」と言う担当者に、なおも

宅地造成に関する工事等について必要な規制を行う法律に、宅地造成等規制法（通称：宅造法。一九六一年施行）があります。宅地造成に伴い、災害が生ずるおそれが大きい市街地または市街地となろうとする土地の区域であって、宅地造成に関する工事について規制を行う必要があるものを、宅地造成工事規制区域として指定することができます。

しかし、適用前にできた住宅地では、土盛りされた部分は、長い間に水の浸食で地盤内に空洞が生じている個所があることが予想されます。東日本大震災の被害の実態を踏まえ、行政は国交省から「ハザードマップ」を作るよう指示されていますが、端緒についたばかりで成果が出ていないのが実状です。

「ハザードマップ」で扱う崖や地盤の液状化などの大きな課題とは別に、日々生活している地盤に対して、行政では「兆候の発見の際の対応について」ホームページで注意喚起をしています。外部に現れた道路や敷地の状況を観察し、危険の予兆を見つけたら行政に連絡するようにしてください。また、お住まいの地域が宅地造成工事規制区域かどうか、居住地の行政窓口に問い合せてください。

「道路はすぐ直してもらえますよね。これは同じ〈地盤〉の問題。土地の所有者に指導ぐらいできるのでは？」と食い下がりましたが、響かない。

しかしこの話、じつは二軒で話は終わらず。密かに調べた結果では、両家の上段の駐車場の両家側の排水溝が壊れていて、水が確かに低きに流れているようです。宅地造成等規制法施行前に造られたこの住宅地では、古地図を見れば察しがつくことですが、谷筋が埋められた地域では、表面からではわからない湧水や雨水の流れがある。地上部の汚水や雨水、汚水管の整備状況、盛り土地域での浸透枡の設置などによって、それらが悪さをすることも予想できます。「駐車場の管理者には私から話す」と言う息子さんの話でこの話は終わりましたが、私の任期中には残念ながら根本的な解決には至りませんでした。できたことは、行政の了解を得て、住民への「お願い」と題して回覧した「地盤に潜むリスクへの対応」です。しかし、深入りすれば当該のお宅の不動産価値を下げることになりかねません。だからこそ、「行政でなんとか対策をお願いしたい」ものので、私からの悲痛な叫びだったのですが、行政でも、民地に対しては宅地造成等規制法、建築基準法、東京都建築安全条例等から見て余程のことがない限り、所有者に勧告もできない困った問題なのです。今、各自治体で作成している「ハザードマップ」だけでは片付かない、日常的なハザードへの対策は、当面住民同士の共助で監視を続けるしかない活動です。

顔の見えない場所・空き家

　住まいを残して転居される方々が、この地域でも散見されるようになりました。住戸数が所帯数を超えたあとも、滅失する戸数を上回る勢いで増え続ける住戸数で、空き家数が二〇〇八（平成二〇）年の一三・一パーセントから二〇年後には二三パーセントを超えるとの報道もされています。空き家問題は地方の過疎地だけの話ではなく、この丘の上自治会でも起きていることです。丘の上住宅が少しだけ恵まれているのは、駅から歩いて通える通勤圏として生き続けている点です。空き家は全体の一～二パーセント程度。空き家状態の家屋を含めても三パーセント以内で、売却された宅地も比較的早く買われて、新たな住民で埋められています。
　しかし予断を許しません。このまちにもかつて、空き家に野良猫やハクビシンが住みついたことが報告され、そうした空き家が地域の防犯や防災対策上のホットスポットとして地域のリスクであることに変わりはありません。

　いつも締め切ったままの雨戸が開け放たれ、玄関からは中が丸見えで、「目黒さん！」と呼びかけましたが返事がありません。その場を立ち去ろうとしたとき、ぼうぼうと伸びた庭先の草刈りをしておられるご婦人の姿が目に留まりました。「目黒さんですか？ 自治会の握千九答です」と声を

かけました。一瞬、怪訝な顔をされておられましたが、こちらの身分に安心された様子で、「家を建て替えようとしていた矢先に連れ合いを失くし、ここは息子の通勤に不便だと、都心に引っ越して以来、借家住まいをしている」と話してもらえました。そして、「全国を転々と転勤して回る息子が、将来、家を建ててくれるかもしれないと願いつつ持ち続けている」と、これからのことも話してくれました。

右の文章は「母の想い」と題して書いた月報の記事です。

私は市政懇談会の際に、「全国には一五パーセント近くの空き家があり、空き家対策のため、すでに全国の一〇〇以上の自治体が、空き家の持ち主に管理を義務付ける条例などを施行している。また、その活用に向けて、幾多の『空き家活用プロジェクト』が立ち上がってもいる。人口が早晩減り始める田丸市としての今後の展望は?」と、無謀にも、市長への質問を試みたことがありました。しかし、この空き家の持ち主・目黒さんと話して以来、私は未熟な議論を振りかざしている自分が情けなく感じています。社会的な制御や抑制によらない、住民主体の解決策がないものかと思案しているところです。

また、住宅地内には、バブル経済崩壊後に不良資産化したと思われる、駐車場に転用された宅地を見かけます。利用者以外には、その場所はやはり「顔の見えない場所」です。放火や車のガ

空き家対策の現状

現在、空き家対策がさかんに研究・実践されています。ビジネスにしているところさえ見られます。「空き家バンク」を設けて、情報を一括管理し、新たな移住者を呼び込む試みや、シェアハウスやまちカフェに改修して地域の立ち拠り所に活用するなど、さまざまです。ほかにも新築を抑制し、空き家を含む中古住宅の活用を促すための仕組みの整備や、別の用途に転用しやすい建築基準法の改正、家屋への固定資産税の緩和など、法制面の抜本的な対策が必要とも指摘されています。

また、空き家に対して法の枠組みや解釈を広げて、さまざまな方法で対策を打ち出した行政も出てきました。「空き家管理条例」を設け、「家主に管理を義務付ける」「行政代執行による空き家の強制撤去」を実施した行政も報告されております。

二〇一三年三月一八日の日経新聞には、「空き家解体、八割補助」の記事が一面トップに報じられていました。災害時の危険を減らすために二〇一三年度中にも、個人が空き家を解体する場合、国土交通省が、自治体と併せて解体費の五分の四を支援するというものです。ただし、解体後住宅用地に対する固定資産税が数倍に跳ね上がることが危惧されており、更地になった際の課税方法の見直しも指摘されています。

ソリンに火がつけば、火災が一気に拡大する恐れもあるリスクの高い場所であり、そして見知らぬ人が立ち入ってもとがめにくい防災や防犯上のホットスポットです。地元警察からは「巡回監視の強化」が要請されてきますが、「そこに、いつも、誰かがいる」ことを感じるようになれば、不安は格段に減るのですが、これも未解決のままです。

閉鎖的なまちから開放的なまちへ

丘の上住宅が分譲された当時、生垣で囲まれ、庭からは隣近所がよく見え、また道行く人との会話も不自由なくできたそうです。その後、防犯対策やプライバシーの意識の芽生えとともに生垣はブロック塀や万年塀に変わり、それとともにご近所同士の会話が減り、お隣同士さえもよく知らない閉鎖的なまちへと変わってしまいました。また、子どもたちを介した住民同士の交流も少子高齢化の中で崩れ始め、退職世代の増加や高齢期が長くなるとともに地域の中で孤立するおじいさんやおばあさんの姿が現実味を帯びてきました。

こうした地域に忽然と現れたお宅があります。神部さん宅です。塀は一切なく、開けっぴろげの駐車場に続く庭には花が咲き乱れる。住まいの前を通るたびに、広々とした玄関先と、行き届

いた庭の手入れに感心し、ずっと気になっていました。
ある日、庭の手入れをしている奥さんに声をかけました。「綺麗ですね」。一瞬驚かれた様子でしたが、「丘の上自治会の握千九答です」と名乗ると安心され、この住まいを建てた由来を語ってくれました。
「この家は義母の亡き後、荒れ放題で見苦しくなっていました。主人の関西勤務で、宝塚に三七年住んでいましたが、定年を機に戻り、建替えることにしました。宝塚市には、道路境の植栽への補助金制度があり、安全で綺麗な街並みができています。また、阪神淡路大震災に遭ったときに、擁壁やブロック塀が倒れて道路を塞ぐ状況をあちこちで目にしました。ここに戻って、この家はそれを踏まえて、塀もないオープンな庭にしようと決めました。そして、ちょうど希望を叶えてくれる庭づくりの専門家に出会って、実現できたのです」。確かに玄関先が広くなっています。気が付けば、駐車場脇には小さな木の椅子が置いてあります。「どうぞご自由にお使いください」と、声もかけられました。もう一軒、坂下さんのお宅も開放的な造りです。理由を伺うと、「私の家は、上から下の道に抜ける通り道に面しているので、子どもたちが自転車で道に出るとき、よく車にぶつかりそうになるので塀を全部やめました」とのことです。確かに、坂下さん宅の角にさしかかると、急に道が広がったように感じ、気持ちのよい街角になっています。その向かいのお宅もその後に近改築され、こちらもすっかり塀が取り払われています。

住民が引っ越した跡地にできる新しい住宅のほとんどが、元々の土地を分割して造られた建売分譲住宅になりますが、敷地が狭い分、家のまわりはオープンな造りになっていて、子どもたちが家の前で遊ぶ姿が見られるようになりました。半世紀を経て、丘の上住宅も世代交代が進み、新たに移り住んだ住民が新たな動きを持ち込んできます。塀や垣根で囲われた閉鎖的な住まいから開放的な住まいへ、防災上も防犯上も安全なまちというだけではなく、行き交う人への目配り、子どもの遊び場や高齢者の立ち話、ひと休みの場所としても期待できそうな設えです。

自他共に得する…。火種を煽りたてれば、まちを変えるチャンスになる。丘の上自治会では呼びかけ始めたばかりの「開放的なまちづくり運動」ですが、この活動が定着し、さらに、「心も開放的」になれば、地域が抱える最大の課題、希薄になった住民の共助は、「住まいの形が意識改革につながる」のではないかと密かに期待しています。
月報に「育てたい共の意識」と題して以下のように記しました。

◎公・共・私の区分？
「公・私の区別」と言われますが、「物事には公の物と、私の物」しかなく、「これは行政、これは自分」と二つに分けて考えがちです。しかし、このどちらにも属さない中間領域があり、これがないとつながらない。現代に失われた中間領域「共」は、「私であって、見方によって公にも属する」概念です。

手入れの行き届いた庭木、春になると梅や桜で彩られる風景、いつもきれいに掃除された清潔な道路などの「見える価値」も、防災や防犯、子どもたちや高齢者の見守りなどの住民が作り上げる「見えない価値」も、自ら変えることができるものです。こうした「自他共に得する活動」を見つけ、実行する自助の積み重ねが、地域の価値を上げ、住まいの価値を上げる、相互に補完する関係にあるということです。

地域活動の新たな展開へ
――任期一年を振り返って

小さな自治会だからできること

古希に近い私ですら、山川学園連合会や田丸市連のベテラン役員に比べれば「若い方」ですが、この一年、活動してみて、経験も実績も乏しいことを痛感しました。役員の大半が高齢者で占められ、中には何年も務める、半ばプロ化した役員も珍しくはありません。その迫力に気後れして、自分の丘の上自治会を忘れがちになることもままありました。自分の仕事と地域活動との「二足のわらじ」を履き、それが当たり前のように自治会役員を務めてきた以前の姿からみると、それだけ今の自治会活動は高度化、専門家してきたということでしょうか。

田丸市を交えた会合も、小さな自治会の要望をいちいち聞いておられませんから、より大きな連合会や地区会と呼ばれる地域を束ねた団体を当てにする。これはいたしかないことです。防災、教育、まちづくり、社会福祉など、どれをとっても二八〇世帯の小さな丘の上自治会の及ぶところではないのですから。

しかし一方で、地域が広がれば広がるほど、そこに住む住民には実感の伴わない活動を押しつけられる被害者意識が芽生えがちです。住民にとっては、ただ大きければいいというわけではないのです。自治会・町内会の加入率が低迷する中で、「なんとかせにゃならん」と行政も躍起ですが、入会率が低迷している原因の一つが、活動範囲の広がりと、それに反比例するように薄くなる住民の関心です。自治会や町内会への加入は「何が得なの？」と、住民からの疑問として返ってきます。山川学園地区の連合会を構成する自治会・町内会のうち、四〇〇〇を超える世帯で構成される最大規模の町内会も、じつは八つの地区の集まりで構成された、言わば合衆国のような存在で、一つ一つが自主防災隊です。日々の活動に適した大きさがきっとあるのでしょう。

一年間の一連の活動は、こうした枠組みの中での小さな自治会の奮闘でした。でも不思議です。その奮闘の結果が「顕著な自治会の防災活動」として市民対象の講座で紹介され、年度末に開催された「市長と語る会」では「すごい活動だね」と田丸市・竹坂市長の知るところともなりました。市長が「すごい活動」と言われた我が丘の上自治会の活動は、「まとまりやすい規模」が多分に作用した結果です。小さいなりに防災・防犯、教育、まちづくり、福祉など、すべての課題が備わった「一物全体」の言葉の示す実態を作り出すことができます。これらの課題を自分の地域固有の問題として捉え、小さな組織の特色を生かし、その成果を見える形で示すことができます。大きな組織体の中で一つのセル（最小単位）として十分機能し、存在感も示せるのです。大樹に寄りかかって自主的な活動もせずに終われば、課題は解決しないばかりか地域の荷物になるだけです。

ただ一つの注意点は、小さな自治会が目指す、地域に合った解決方法は、その地域に最適でも、行政の目指す市全域に最適な方法とは限りません。ですから、常に、「森（全体）を見て、木（地域）を見る」情報収集が欠かせません。幸い小さな組織では、役員が一人何役もこなす分、情報も集まりやすく、全体を見通しやすい。これは小さな組織の利点です。連合会をはじめ地域に広がった活動は、この情報収集のための格好の機会なのです。

会長職は交通整理係

私のわずかな経験から言うと、自治会の会長は交差点の真ん中で交通整理をしているようなものだと思います。今まで会うこともなかった人物や聞いたこともない言葉や情報について、会長として動けば動くほど新たな問題と出会うものです。その真ん中にいて混乱や事故が起きないようにと人や車や情報の交通整理をしてしかるべき秩序を作っていく。時には自分自身も通行人や運転者となってみたい衝動に駆られることも生じます。

交差点は意外に視野が開けている場所です。交通整理のコツもだんだん掴めるようになります。つまり、地域のことがおぼろげながらもわかるようになった感覚を得られます。

しかし、今回の活動を通してたびたび頭をもたげたのは「自治って、いったい何？」という根本的な疑問です。もう少し深く自治会や町内会の歴史的な背景を知っていれば、うまい交通整理ができたかもしれません。たとえば、行政からのチラシなどの住民への配布や行政の調査への協力、市長が代表者である赤十字の募金の住民への依頼、自治会と同じ自主防災組織である消防団への協力金支払い、活動基盤の異なる自治会と民生委員の協働など、「本来は行政の仕事だろうな」「変だな」と思いつつ、対応がわからないまま右から左へと単純に交通整理をしてきてしまったわけです。

また、自治会の中でも会員の共通の想いを具体化しようとしてもすんなりいきません。世界にも類を見ない勢いで進んでいる日本の少子高齢化と長寿命化のもとで、「故郷を失いつつある郊外住宅地の住民にとって、この地域が想い出になる場所になればいいな」、さらに「ひょっとすると子どもたちが地域に戻ることがあるかもしれない」とそんな願いや期待を抱いて、「引っ越していった元会員を含めて交流会をやろう」との提案も、また多くの課題を引き継ぐ次期役員との「新旧合同役員懇親会をやろう」との提案をしたものの、「前例がありません」「予算は承認されていません」と、やんわり原住役員から反対されました。寂しいことですが、想いを浸透させることができませんでした。

自治会の会長に求められるのは、今や、誰も見たこともない景色の中での前例のない「交通整理」です。みなから「すばらしい」と拍手喝さいを受けるような交通整理はできないかもしれません。交差点を巡る状況の変化は、丘の上の地域というよりも、東京の、あるいは日本のどこの自治会でもが抱えている共通の課題なのかもしれません。

「地域」にこそ価値がある

「敷地に価値なし、地域に価値あり」。これは藻谷浩介氏が日本政策投資銀行地域企画部調査役時代に、地域振興のために全国をくまなく歩かれて感じた言葉だけに迫真を持って迫ってきます。戦後の高度経済成長の波に乗り、住民は、住宅双六《すごろく》のシナリオに描かれた夢に向かって、手頃な価格の土地を郊外に求め、自らの城を築いてきました。しかし、その後のバブル経済の崩壊やリーマンショックなどの影響で、「土地は価値」と考えた「土地神話」は崩れ、いまだに土地価格の低迷が続いています。聞くところでは、この地域でも一〇〇坪ほどの土地が一時一億円近くになったと言います。今はその三分の一程度でしょうか。それでも土地はもっとも頼れる資産です。将来、転居するにしても頼れる元手はやはり土地、その土地の価値を維持し続けるには「地域に価値があるかないかで決まる」というのがこの言葉の論点です。

こうした経済的な価値に加えて、宅地の区画や形質が「住みたい」と思う適度な広さと特徴を具備し続けること、また住宅地の魅力が維持され続けることが欠かせないと推測できます。自然を感じながら過ごせるといった見える価値に加えて、地域で安心して楽しく暮らせる、人との付き合いが適度にあり、何かあれば助け合えるなど、普段は見えない価値に評価が広がっている点です。いくら立派な屋敷でも宇宙基地のように地域から隔絶していては、そこで暮らす意味がないということなのです。

自治会活動と併行して、山川学園地区を対象に「住み続ける住まいとまちの条件」と題する研究会が進められていました。「住まいやまちに住み続ける条件」を探る目的で、家族や住まいや土地の変容の実態を、地域の特色、まちづくりや地域活動などと関係付けて捉え、将来を展望する企てです。研究会では住民に実施したアンケートが実施されました。丘の上自治会地域の少子高齢化が明らかになりましたが、一方で、幸いなことに世帯数も住民数も増えていることもわかりました。環境がよい、徒歩一五分以内で最寄りの駅に着き、首都圏からの通勤・通学圏であることなどで、依然人気のある住宅地であることが読みとれます。そして、親子との同居や子どもたち家族との同居を叶えられる宅地の規模であること、たとえ宅地が売却されても、半分に分割されるなどで若い家族が購入できる適正価格の宅地として維持されてきたことです。

借家の時代だといわれ、住宅が余る中でも宅地が買われ、住宅が造り続けられることに対し、山田良治氏はその著書『土地・持家コンプレックス―日本とイギリスの住宅問題』（日本経済評論社、一九九六）の中で、「一般的に言って、日本人の間にはマイホーム及びとくにその一部である土地に対する強い執着心があったし、土地神話の崩壊が言われた今もなお意識の内にあることは否定できない」と述べています。こうした意識が続く限り、新たな住民を迎い入れることができます。

そのためにも、丘の上自治会としては、二〇〇九年に山川学園地区連合会で制定した「まちづくり憲章」のガイドラインに沿い、良好な住宅地の維持に向けて、業者の監視を続ける必要があります。私も丘の上自治会会長退任後も、その役割を続けているのです。

新たな地域自治のかたちへ

自治会組織の規模や内容、目的をまとめると図1のようになります。連合組織として動くほどに対象地域も広域化し、行政との関わり方も変わってきます。

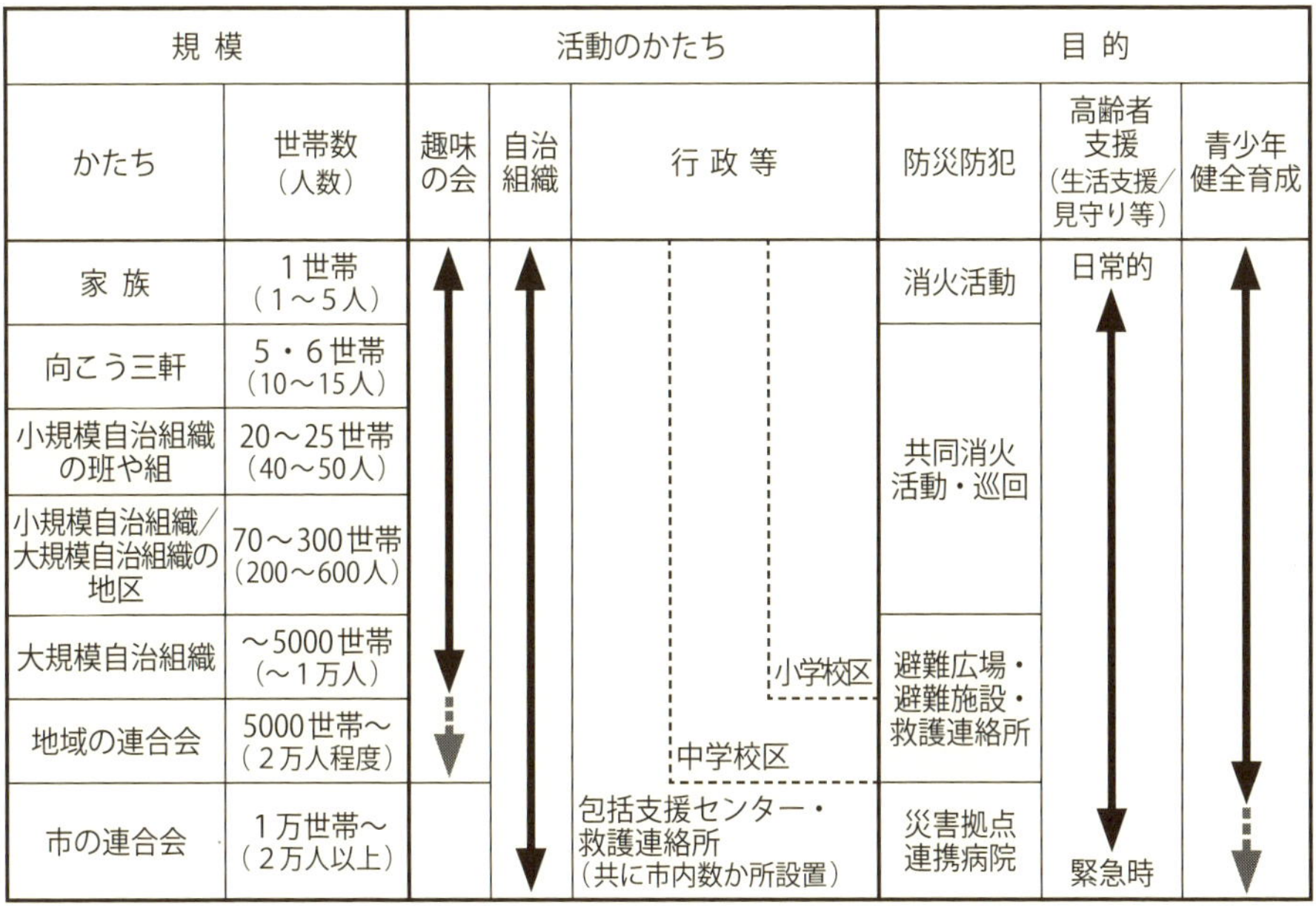

規模		活動のかたち			目 的		
かたち	世帯数（人数）	趣味の会	自治組織	行 政 等	防災防犯	高齢者支援（生活支援／見守り等）	青少年健全育成
家 族	1世帯（1〜5人）	↑	↑		消火活動	日常的 ↑	↑
向こう三軒	5・6世帯（10〜15人）				共同消火活動・巡回		
小規模自治組織の班や組	20〜25世帯（40〜50人）						
小規模自治組織／大規模自治組織の地区	70〜300世帯（200〜600人）						
大規模自治組織	〜5000世帯（〜1万人）			小学校区	避難広場・避難施設・救護連絡所		
地域の連合会	5000世帯〜（2万人程度）	↓		中学校区			
市の連合会	1万世帯〜（2万人以上）		↓	包括支援センター・救護連絡所（共に市内数か所設置）	災害拠点連携病院	緊急時 ↓	↓

図１．コミュニティの規模、活動のかたち、目的

行政が自治会の活動に深く関与している状況はこれまで述べてきたとおりですが、行政の平等性・共通性を重視した一律の施策では、まちづくりや地域固有の課題が解決しがたいと指摘されています。地域固有の課題は、その掘り起こしから解決に至るまで、そこに住む住民の協力なしには進まないと予測されるからでしょう。

そこで、『まちづくり市民事業―新しい公共による地域再生』（佐藤滋編著、学芸出版社、二〇一一）に著されているように、地域住民と行政の協働のあり方が各地でさかんに見直されてきました。こうした議論の論点は、公・共・私の果たす役割分担です。明らかに公益の領域であるインフラ整備は行政が、防災・防犯・教育・高齢者の生活支援や児童の見守りなどの共通の施策でも、地域の事情が異なる場合には、行政と地域が協働で行い、地域固有の課題については地域が担う。いわば目的や状況に応じて、その時々の体制を柔軟に変える新たな地域統治のかたちです。

いささか観念的ですが、資源ごみの減量に向けた活動がすでにそうであるように、健康づくりやブロック塀を撤去して敷地を開放的にする減災対策や、高齢者の見守りや生活支援など、「たとえ私益から始まったものであっても、地域ぐるみの運動となって、地域の得（共益）や公益につながる活動」であれば、行政と地域が協働で取り組む意義が生まれます。個別の私益とは峻別し、それに見合う活動資金が分配されるかたちです。

住民自身には、今まで以上に地域の活動に関心を寄せ、自らの意思で地域社会に参画し、その中から自らの住み方を決める、ＮＨＫテレビ「ハーバード白熱教室」でおなじみのサンデル教授も指摘する「新市民」に脱皮する強い自覚が求められていると感じますし、一方の行政も、そうした住民の自主的活動を側面から支援する意識改革と施策が必要だということでしょう。今回の自治会活動を通して、そうした想いが時折頭をもたげ、紆余曲折しながら取り組んできた自治会活動のさわりに過ぎません。

ところで、地元行政・田丸市の年間予算（支出）は、東京都からの補助金を含めて一人当たり年間三〇万円以上。これに対して、丘の上自治会は、最初に述べたようにたった一四〇万円で活動しています。一人当たり、じつに一〇〇〇分の七の予算規模で運営されていることになります。もし、行政と住民協働による活動領域の中で、本来の行政の役割の一部を自治会が担うものであれば、その役割に見合う費用を行政が地域の町内会・自治会に充当すべきです。元来公務員は、地域共通の面倒を見ることを専業とするプロフェッションとして発展し、業務の代償を税金から給与として支給されているからです。

二〇一三（平成二五）年三月一八日の読売新聞に、「民間四〇～六〇歳・自治体の力に」と題して、「政府は新年度から、都市部で働く中高年サラリーマンが地方に移住して地方自治体の職員となることを支援し、雇用した自治体に対して給与相当分を支給する」という記事が掲載されました。数少ない生産年齢人口層を犠牲にするこの施策には疑問ですが、人口減少や長寿命化を伴う少子高齢化のもとで、たとえそれが短時間であったとしても、退職後も人生の三分の一ほどの時間が残されている高齢者や、専業主婦を活用することができれば、生きがいになりますし、行政の会合や行事も批判に晒されることなく、日中から堂々と開催できるようになります。新しい地域統治のかたち＝「住民主体の自治」が求めるA面は「目覚めよ、住民」、B面は「変われ、行政」なのです。

役員からのそれぞれのつぶやき

月報の最終号に、世代ミックス役員が一年間の感想を綴りました。

●金沢副会長（防災担当）：消火器の点検で地域を知りました。また芋煮会や火の用心パトロールをいっしょに楽しませていただきました。いろいろなお力添えをありがとうございました。

●徳山副会長（総務・地域活動担当）：自治会の活動を通して、たくさんの地域の方と知り合うことができました。みなさんのご協力のおかげで活動できましたことを感謝申し上げます。

●長岡さん（環境担当）：会長の強力なリーダーシップのもと、みなさんに引っ張られながら環境委員としてやってこれました。字の消えた資源ごみ看板の更新を手始めに、ごみ問題会合に出席することで私自身の意識が深まりました。

●甲斐さん（健康づくり・レクリエーション担当）：私たち丘の上自治会は、防災ひろばを整備するにあたって、お隣りの中田さんにはたいへんお世話になりました。水道・電気のみならず、北側の樹木の枝を利用させてくださることで防災ひろばはその分、広く使えます。芋煮会の折りはご自慢の甘柿を山ほどいただき、子どもたちは大喜びでした。

●大阪さん（会計担当）：一年間、いい経験ができました。自治会活動に参加したことによって、今後の自治会を見る目も変わると思います。

●町田さん（会館管理担当）：一年間、役員のみなさんに支えられて務めを果たすことができました。また高齢化や災害問題など、いろいろと気付くことが多々ありました。本当にありがとうございました。

●名児耶さん（健康づくり・校外活動・レクリエーション担当）：たくさんの人たちに支えられ、また地域に守られて、今まで穏やかに暮らしていたんだなぁと、今年度役員をやらせていただいて実感しました。みなさんには大変お世話になり心から感謝申し上げます。

●栃木さん（会館管理・地域ケア・さわやかホール担当）：自治会管理の仕事も終盤に近づき思うことは、関わった方たちが何かにつけて「ありがとう」と言ってくださったことです。当たり前のことをしているだけなのに、その言葉に励まされ、つつがなく過ごせ、とても感謝しています。そして、ごいっしょした役員のみなさんとの一年間、楽しかったです。本当にありがとうございました。

●荒川さん（監査・地域ケア・さわやかホール担当）：役員になってのこの一年間、地域のコミュニケーションが非常に大事なことだとわかりました。基礎になるのは、ご近所との「お付き合い」「声かけ」が大切だと思います。

●私＝握千九答（会長）：この一年、大きな災害もなく過ごすことができました。ほっとしています。今後もそうありたいと願っています。

そして、今、丘の上住宅地がよく見える小高い丘の古い神社の境内から、「丘の上住宅がみなの『ふるさと』になるだろうか？」と、ぼんやり思いながら、これからの姿を思い描いています。この地域には、子どもの頃によく見た懐かしい山も川も、遊んだ野原もない、そして将来、この地域に戻ってくる子どもたちも少ない。もはやふるさとなどない現代社会に、今さらふるさとでもないだろうといわれるかもしれません。しかし、一時的にせよ、人はどこかに住み、そしてそこに住む限り、人と人の関わり合いがある。住むと決めた土地がたとえ偶発的であったとしても、一度購入すれば簡単に取り替えることができない住まいや地域。まして、住み始めて五〇年近くが経つ丘の上住宅であれば、この地域にそれぞれの人生の一時期を委ねた人々が、そこへの愛着を感じ、想いを寄せるのはごく自然です。

このまちに生まれた社会学者・若林幹夫氏は、その著書『郊外の社会学―現代を生きる形』（筑摩書房、二〇〇七）の中で次のように語っています。「『社会に生きる』とは、そこに確固とした伝統や共同的な結びつきがあるということではではない。（中略）確固とした伝統も歴史もあらかじめあてにできない場所で、それでも他人とかかわり、自己の幸福や満足を希求する。」

一年間の自治会の活動は、そうしたさまざまな人々が、それが人であれ、場所であれ、時間であろうとも、住む地域へ想いを寄せる、そのためのきっかけづくりであったと思えます。誇るべき文化も歴史もない郊外の住宅地のふるさとづくりに与えられた手段は、それぞれの想いや思い出が重なり合って、地域として共有できたときにふるさとになるのだと、微かな希望を抱き、「自治会活動は、そのためにゆるやかな関係を保ちながら、何かあればいつでも結束できる力を育む。そして住民の地域への同化を促す活動だ」と思えるのです。

生まれてから一番長く住んでいる地域、ここが終の棲家と決めた私・握千九答。元会長であったご主人の陰を見ながら自治会館の清掃を一人続ける原住の栃木さん。ここが私の棲みかと言わんばかりに、山坂をもろともせず自転車を駆ってあちらこちらと東奔西走して回わったお母さん役員の徳山さん。ここぞとばかりに芋煮会で腕をふるった名児耶さん。阪神淡路の被災者・神部さん。そして夏祭りで歌い、踊る住民たち。何もないところから始まった郊外の住宅地。それを人から「一時しのぎの逃避場所」と揶揄されようと、地域での活動や行事は、そこに住む住民たちの「晴れ舞台」であるし、「自分の居場所を感じる場所」なのです。

哲学者・福井一光氏は、「主体は生まれながらにあったわけではなく、育った環境やコミュニティとの関係の中で形成され、認識されるもの」と述べています。

また、最近目にした『このまちに生きる―成功するまちづくりと地域再生力』（篠原修・川添善行・崎谷浩一郎・内藤廣編集、彰国社、２０１３）と題した本のあとがきに、「私の育ったまちはいずれも新開地であり、ニュータウンであり、歴史のあるまちでもなかった。それは我慢するにしても、父母の育ったまちでもなかった。考えてみると、はたして住んできたまちを愛したことがあっただろうかと自問する。このまちをよくしようという気持ちになるためには、まちに恋人やわが子、親友に注ぐのと同様の愛情を注がねばならない。この愛情によってまちは人格をもった「ひと」になるのだと思う」と言うくだりがあります。

遅まきながら、この一年の役員や会員の活動の原動力は、このことかもしれないと気付かされます。

エピローグ
――握千九答の夢

最後に、ペンネーム「握千九答（あくせんくとう）」に込めた想いを記して終えたいと思います。

私は、輪番制で自治会の役員が回ってきて、しかも会長の職に就くことになり、任期の初めから終わりまで、わからないことや疑問に思うことにたびたび出くわしました。会長として丘の上自治会の活動の実行にあたり、調べられるだけ調べ、考えられるだけのことを考えて挑みました。

つまり、千のことを把握しなければ実施はできない。かといって応えられたのはせいぜい九ぐらいで、また答えには大変窮（九）したということです。職場の仲間が付けてくれた、結構気に入っている名前です。

私がこの一年の任期で得た九つの答えは以下の通りです。

一．今まであまり気にしてこなかった「自分たちの住む地域に想いを馳せる」。

二．どんな地域なのか、どういう方が住んでいるのか、「特徴を中心に、興味をもって地域を観察してみる」。

三．さらによい地域にするために、「取り組めそうな小さな課題を考えてみよう」。

四．目的を明確にして、「住民交流につながる、自他共に得になる課題を厳選して実施しよう」。

五．思い立ったら、「失敗を恐れずに、最後までやり抜こう」。そのために、「る〈見る〉・る〈食べる〉・ぶ〈学ぶ〉」を心掛けよう。楽しくない活動は誰もやりたくないものですし、継続ができません。

六．「個々人の得意技を引き出すことを心掛けよう」。力の及ばないところは地域の、行政の力を借りよう。

七．小さくても構いません。「成果は見える形にしよう」。きっとやりがいが生まれることでしょう。

八．時々は「木を見て森を見る、森を見て木を見る」ことです。そうすると、一体的に捉えられ無駄がなくなり、より効果的な活動になるはずです。

九．そして、「成果をみなで喜び合い、地域の将来の姿を想い描いてみましょう」。きっと今と違う姿になっているはずです。


私は、明日の自分の姿をこんなふうに想像します。「介護福祉士」と聞けば、誰かれなく「将来をよろしく」とついついお願いして回る…。そして設立した「花と植木の会」の面々を連れだって、剪定鋏と太枝切鋏を片手に、防災ひろばやひとり暮らしのお年寄りのお宅を剪定して回る…。また、壊れそうな空き家の持ち主からは、固定資産税程度の利用料で借家をして、「五〇年前の伝統的な文化住宅」と銘打って、外部からしっかり木造のフレームで補強し、道路からよく見えるこぎれいなテラスを設け、そこでお茶や珈琲、そして坂の下のレストランからドルチェでも取り寄せ、「丘の上のまちカフェ」を開店している…。赤い目立つベストを着て、私は店主に納まり、仲間たちと「おばあちゃん、今日いいマンダリン入っているよ」とか、「あそこのおじいさん、今度二人目の孫が生まれたんだって」とか、世間話で一日を過ごす…。そして自宅は、道路の間のちょっとした隙間を利用して、外がよく見えるギャラリーを建てて、たいしたものではなくていい、近所の方が趣味で作った焼き物や小物を設え、そして小さくていい、飛騨で求めた腰かけを置いて、なぜか珈琲とケーキを出す…。ここでも「最近どう？」「まあまあ」とか言いながら、地域の人たちと話が弾む。

　石川啄木が描いた「理想の我が家」は家族と住む家ですが、私が描くこれからの我が家は、きっと「近所のおばさんを集めての井戸端会議」ができる場所。しかし、そんな夢を現実に語れば、どれにしても、「私が死んでからにして。本当にお節介なんだから。いつクルーズに行くのよ。そう長くは生きられないのよ！」と、家内の声が聞こえてきそうです。

そして、いずれまた私が自治会役員のわらじを履くときがきたら、そのときは、さらに高齢のおじさんになって、教育とは「今日、行くところがある」と、そして教養とは「今日、用がある」と、堂々とのたまわってはばからない、ゆったりとした役員が努められるよう、今しばらくは迷惑のかかる奮闘はお休みにしたいと思います。

［二〇一三年九月三〇日 記］

Ⅱ

地域ガバナンスと町内会・自治会

千葉大学教授　木下 勇

1 町内会・自治会は〈鵺《ぬえ》〉のようなもの？

「町内会とは〈鵺《ぬえ》〉のようなもの」とは、ある町内会長の言葉。言い得て妙である。たしかに、これほど捉えどころのない組織はほかに見当たらないのではないだろうか。「任意の自治組織」であるから全国各地、多種多様。町内会、町会、自治会、区会など、さまざまな名称がある（ここでは以下、町内会という名称で、これら全般の自治組織を指す）。身近な地域で隣合う地区でも、形態が異なったりする。

そのように定型があるわけではないこともあるが、多面的な顔を持つ。最大の点は、任意組織でありながら、ある一面では行政の末端組織のような役割を担うことだ。行政機関ならば、政治や宗教活動は御法度であるが、町内会はそうではない。選挙のときは、堂々と地元利益代表議員の選出の政治活動を熱心に行うところもある。そして社寺の祭礼など、宗教的儀礼にも関わる。

行政は町内会に弱い。市政協力員、民生委員などの選出も町内会に依存する。「地域の声を聞く」という場合にも、町内会の意向を聞くことを第一とし、町内会の意向を聞いておけば、それで地元の意向を聞いたことになるという都合のよさもある。持ちつ持たれつの関係で重宝するが、それが権力の構造につながる。

町内会の連合体として市町村全体の大連合を設けているところもある。そのトップとなると、市町村のさまざまな審議会や委員会のメンバーとなり、影の首長のような権力を握る存在ともなる。まさに〈鵺〉のような威力を発揮するので、行政職員も恐る恐る接する。そんな状況を筆者自身も、ある自治体の委員会で目のあたりにした。

そんな権力を握った町内会トップはなかなかその座を降りず、死ぬまで辞めないだろうと陰で言われるような長老政権となっているところも少なくない。筆者の経験的分類では、長老政権は町内会や町会という名称に多く、自治会という名称の場合には、会長の任期は一年か二年で交替する形態が多いような気がする（正式に統計をとっているわけではないが）。

そのように町内会や町会という名称を付けているところでは、昔ながらの地付きの層が運営の中枢を担っている場合が多いようだ。十数代目当主など旧家のヒエラルキーが、祭礼の寄付金などの違いにも表れ、それが権力の構造となるような古くからの体系が見え隠れする。古いまちや集落が市街地となって人口が増えても、地域の運営は旧家の地主層が握る。
東京のような大都市でも、都心や周辺の既成市街地などに同じ体系が多く見られる。都市でありながら、昔のまちや農村集落の権力構造が温存されている。住んで三〇年という住民ですらも、十数代も前から住んでいる地主層からは変わらず「新住民」と呼ばれる。しかし、その「新住民」も町内会費は払っている。払っている以上、意見を表明したり運営に加わる権利もあるが、「新住民」を含む多くの住民は、地域が誰によって運営されているのか知らないし、関心も薄いようだ。

地域の運営は一部の層によって運営されている。そして当の会長や役員からは、「新住民は地域のことに関心が薄い」という声が寄せられる。行政機関もそういう地域の町内会・自治会に依存している。そのようにして地域は回っている。まさに〈鵺〉のようである。

2　市街地と農村と新興住宅地の違い

では、新住民は黙ったままなのか。「自治組織」として、民主的手続きを経て代表が選ばれているのだろうか。この種の葛藤は、都市の郊外が急激に市街化した戦後の高度経済成長期に見られた。それは社会学などで「新旧住民の対立」というテーマで研究の題材ともなった。「旧住民」とはもとの地付きの層で、「新住民」とは新しく移り住んで来た層である。一九七〇年代に行った郊外農村部の調査の結果、旧住民が運営を安定して行うことができるのは、人口構成で三割以上の場合で、三割を切ると地域の運営にバランスを崩すという問題が把握された（注1）。しかしながら、最近では新住民は地域の運営に無関心になってきているようだ。むしろ役員になったら大変だと敬遠する意識のほうが高くなっている。それは都市部か郊外かを問わず、全国の町内会・自治会に当てはまる社会全般の傾向である（注2）。

農村部では、町内会や自治会よりも区とか区会というような名称が多いが、その運営は前述の都市の市街地よりも民主的になっているようである。なかには古い集落で長老政権のところも見られなくはないが、総じて多くは、やはり時代の空気で役員になると負担が大変という意識が働くのか、兼業化で仕事も忙しいからか、または共同体精神から負担の平等化というか、権力もあまりおいしい果実がないからか、会長も一年や二年の交替制を導入している場合が少なくない。副会長に選ばれた者が次の年に会長を担う、または会長ののちに副会長になるなど、運営の継続性の工夫もみられる。もちろん会長になった人物の能力によって運営の差が出る。しかし、日常の活動においては大きな問題とならない。集落運営の定常性があるからであろう。

新興住宅地も同様に、負担の平等化と民主的手続きによって長老政権は見られず、役員の任期制を導入している。既存の集落ではない、まったく人家がなかったところに団地や住宅地が形成されたわけであるから、構成員に新旧住民や家格の違いはない。やはり時代の意識を映して、役員になることを負担と感じる意識も強いし、地域の運営に関心を持つ住民も少ないという課題を抱えている。握千九答氏のまさに悪戦苦闘ぶりは、そんな自治会の新米会長になった顛末にも窺える。

【注】

（1）農村生活総合研究センター『農村集落運営と合意形成』、１９９０

（2）内閣府『平成19年度国民生活白書』

http://www5.cao.go.jp/seikatsu/whitepaper/h19/01_honpen/html/07sh020103.html

3　町内会・自治会の加入率と近隣関係の希薄化

町内会・自治会への関心が薄れているとしたら、その町内会・自治会への加入率は減っているのであろうか。二〇〇七（平成一九）年度版の国民生活白書では、町内会・自治会加入率は一九七〇（昭和四五）年の調査と二〇〇三（平成一五）年の調査に（調査方法は異なるが）大きな変化はないと分析している。たしかに、住居を移したりした場合に近所の隣組やマンションの自治会などから挨拶があり、自動的に加入が強いられるかのような形で加入するも、誰が会長とか知らずに、また総会がいつ開かれるかなどわからないまま過ごしている人たちも多いであろう。同白書では、加入率は変わらずとも町内会・自治会の活動への参加は大きく減少し、近隣関係は希薄になっていると分析している。

つまり一九七〇年代に盛んに起こったような新旧住民の対立や町内会・自治会の民主化の動きという熱のこもった対立も起こらず、無関心の冷めた状態に今日の地域社会はある。

これは何によるものなのか。一九七〇年代の学生運動や安保闘争などの運動が、結果的に欧米と異なり、内部分裂と体制側の強権によって封じ込められたからであろうか。それとも、豊かさの高度消費社会に加え、高度情報社会となった今、他人や地域に依存せずに一人で生きていけるかのように意識が変わってきたからであろうか。

トクヴィル（Alexis de Tocqueville）が一七〇年前にアメリカ社会の民主主義の行く末について一抹の不安として予言したように、誰もが平等に競争的環境におかれる中で、自分と家族や友人だけが眼中にあり、ほかには目もくれずに暮らしながら、背後に巨大な権力が牧人として立ち、それに動かされる羊の群れとなっている状況であろうか(注3)。それを今日の社会に当てはめれば、マスメディアやＩＴ端末を通して流される記号によって行動が支配されている状況かもしれない。それは〈鵺〉以上に得体の知れない巨大な怪物のようでもある。

【注】

（３）Ａ・トクヴィル著（岩永健吉郎・松本礼二訳）『アメリカにおけるデモクラシー』（１８４０）、研究社、１９７２

4　複雑化する地域社会の課題

近隣関係が希薄化している地域社会について考えなければならないそんな時に、三・一一東日本大震災が起こった。「絆」という人と人のつながりの原点が再認識された。高度の情報消費社会は、数年後にはそれさえも薄めていく作用が働いているが、未だにそのショックを強く受け止めている人も少なくない。また、予想される南海トラフ地震に備えて、被災地以外でも地域の「絆」を防災面で高めようとしているところも少なくない。

防災のみならず、実際、地域社会はさまざまな問題に直面している。町内会・自治会の活動は定常的な活動であったが、右肩上がりの成長期には地域社会を築いていく目的が明確にあった。行政の末端組織としての役割も果たし、地域の運営を担っていれば十分であったかもしれない。

しかし、人口も減少し、経済も低迷している今日、先が見えない状態である。一億総中流意識は崩れ、格差は広がり、子どもの貧困の問題、児童虐待をはじめとする家庭内暴力は日常茶飯事のようにニュースを騒がす。高齢者の孤独死も絶えない。個人のリスクを社会全体で分散、軽減して助け合う仕組みを「セーフティネット」というが、その仕組みを地域社会の中でどう築き上げるかが、福祉面の課題となっている。空き巣やひったくり、児童誘拐など防犯の見守りも警察だけに頼るわけにいかず、地域での自主防犯活動が必要とされてきている。災害は地震のみならず、気候変動による極地的豪雨や竜巻などがこれまで経験したことのない規模で起こりつつある。

このような時代に、対策は、やはり地域内の呼びかけや情報交換によるしかない。セーフティネットの構築は福祉のみならず、防犯や防災でも地域社会に求められている。新米自治会長の握千九答氏が悪戦苦闘するのも、そんな複雑化する地域課題があるからであり、行政に不満を感じながらも行政との連携を強めていくのも、セーフティネットの構築の活動でもある。

また、もっと広い意味でいうならば、気候変動の根源の地球温暖化問題にしても、誰かがやってくれるであろうという期待では解決できず、「地球規模で考えて地域で実践する」（Think Globally, Act Locally）というように、地域での活動の広がりに期待がかかる。つまりグローバルでもありローカルな地域の課題の解決に貢献する主要な構成主体が、町内会などの自治組織である。一九九二年、ブラジルのリオデジャネイロでの「環境と開発に関する国際連合会議」（地球環境サミット）にて提起されたローカルアジェンダは最近、聞くことも少なくなったようだ。がしかし、温暖化問題の状況はさらに厳しくなっており、企業も行政も取り組む課題であるが、持続可能な発展に向けての「ローカルガバナンス」の重要性は決して色あせてはいない。

5 地域ガバナンスの課題

このように、地球環境問題からも「ローカルガバナンス」の役割がいわれてきた。ここでは「地域ガバナンス」というが、一体ガバナンスとは何だろうか。

「ガバメントからガバナンスへ」(From Government to Governance) とは、ローズ (R.A.W. Rhodes) が提唱したスローガンである(注4)。トップダウンの行政からの統治ではなく、ボトムアップの市民自治を提唱する標語にも映る。またローズナウ (James N. Rosenau) は「政府なしのガバナンス」(Governance without Government) と唱える(注5)。一般にガバナンス論は広い意味で民営化、連携、コーポレート・ガバナンスなど、政治経済において幅広く使われている。「舵取り」と「調整」としてのガバナンス(注6)、ないしは舵取り (Steering) と漕艇 (Rowing) と表現され、これは前者の政府から後者の実施組織への権限委譲による分離で、できるだけ市場メカニズムに任せていく行政改革の理論としても使われている。ここでは地方自治体の行政と町内会・自治会の関係における地域社会の運営について、ガバナンス論を参照しようと思う。

町内会・自治会はそもそも任意の自治組織であり、行政にも認められた組織であるので、地域ガバナンスを担っている組織と思われる。しかし実体はどうであろうか。そのような期待をしても、時に裏切られることもある。冒頭に述べた〈鵺〉のような有様を見せることもあるからだ。

しかし一方に、優れた自治機能を発揮している町内会・自治会もある。この違いは何によるのであろうか。宮川らは、クーイマン（J. Kooiman）やマインツ（R. Mayntz）らの定義をもとに、ガバナンスを「統治システムの構造とプロセスの発現パターン」と定義付ける（注7）。つまり、権限や意思決定システムの構造的な部分とプロセスの舵取りと調整のパフォーマンスによる違いだ。

そこで浮かび上がる重要な課題が「アカウンタビリティ」（Accountability）であると宮川は提起する（注8）。宮川によると、「行為権限について何がしかの委任がなされている場合において、委任を受けた個人あるは機関が、その行為の遂行に関して答えなければならない関係」という信任関係を意味する。この理論を町内会・自治会に当てはめてみるとどうであろうか。〈鵺〉のような魑魅魍魎《ちみもうりょう》では説明できなくなる。新住民の層からも信任され、情報開示も明確に、アカウンタビリティを備えなくてはならなくなる。

しかし、これは西洋的な自治論であり、日本やアジアにおいては〈鵺〉のような地域ガバナンスもありえるという反論を形成することも可能であろうか。ただし、筆者のこれまで見てきた町内会・自治会の活動では、しっかりと広報誌を発行しているところとそうでないところがある。

それによって民主的運営かどうかの第一段階の篩《ふるい》にかけることができる。発行回数や紙面を見て、必要な情報を構成員に知らせようとする意思があるかどうかもわかる。握千九答氏の丘の上自治会は、毎月の発行で、女性の役員がそのセンスを生かして読みやすく作られているという。

ピエール（J. Pierre）とピータース（B. Guy Peters）は、構造として、一．階層、二．市場、三．ネットワーク、四．コミュニティをあげる。一の階層は、ここで議論してきた「なぜ長老による長期政権が町内会に存在するか」という議論につながる。二は、市場経済に依拠するもの。そこで、三のネットワークと四のコミュニティが町内会・自治会の地域ガバナンスに関連深いものとして浮かび上がる。

【注】

（4）R.A.W.Rhodes. *Understanding Governance: Policy Networks, Governance, Reflexivity and Accountability*, Open University Press, 1997

（5）James N. Rosenau & Ernst-Otto Czempiel. *Governance Without Government: Order and Change in World Politics* (Cambridge Studies in International Relations, No.20), Cambridge Univ Pr, 1992　またＮＧＯの役割を中心に政府なしのガバナンス論を論じたものでは、James N. Rosenau. *Change, Complexity, and Governance in a Globalizing Space*., "*Debating Governance*" (edited by Jon Pierre), Oxford University Press, 2000, pp.167-200

（6）B. Guy Peters and Jon Pierre. *Politicians, Bureaucrats and Administrative Reform*, Routledge, 2001

（7）宮川公男「今なぜガバナンスの改革が求められているか」（宮川公男・山本清編著『パブリック・ガバナンス―改革と戦略』）日本経済評論社、２００２、pp.16

（8）同前書、p.22

6 町内会・自治会は地域ガバナンスの主体となりえるか？

これまではコミュニティというと町内会・自治会といった地縁的コミュニティを指していたが、今日では多様な主体のネットワークによる運営形態が見られ、「政治的コミュニティが表現したり、さまざまな主体の連携の協働活動が形成されるフォーラムやアリーナとしての日常生活や生活設計を成し遂げる地域」(注9)として意味付けられるような新しいコミュニティをベースにしたアーバンガバナンスの必要性も提起されている(注10)。

コミュニティにも町内会・自治会のような地縁的コミュニティを指す場合もあれば、テーマコミュニティといわれるような目的型の組織にもコミュニティという言葉が使われる。しかし、ウェーバー(M. Weber) が提唱するコミュニティVSアソシエーションと対置した概念(注11)に従えば、テーマコミュニティはアソシエーション（ボランタリー・アソシエーション）に近いともいえよう。

筆者は、一九八〇年の地区計画制度導入に伴う住民参加によるモデル的なまちづくりとしての

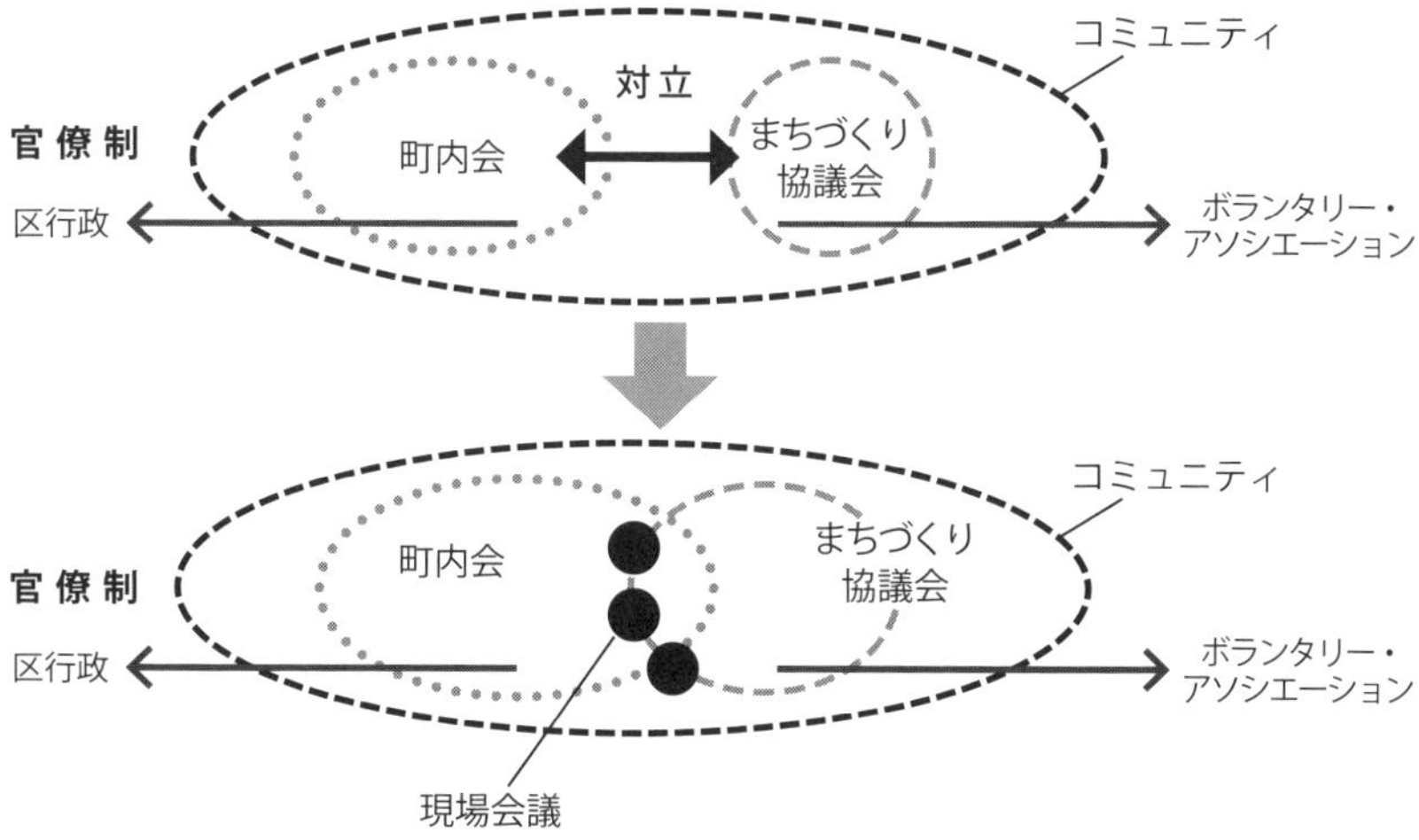

図1．太子堂2・3丁目まちづくり協議会と
町内会（町会・連合町会の総称）の関係の変化

世田谷区の太子堂二・三丁目まちづくり協議会に関わり、その過程から、コミュニティとしての町内会とアソシエーションとしてのまちづくり協議会がある部分で重なり交差（クロス）する関係が地域ガバナンスの能力を高め、その手続きが地域の問題解決能力すなわちキャパシティ・ビルディングにつながるという説を導いた（注12）（図1）。

町内会・自治会は定常的な地域の運営に関わっている。しかし、地区計画などのまちづくりの課題に対しては、その定常的な活動を超えている。伝統的な農村集落では、これらの課題が発生したときには特別委員会を組織して区（区会）から委任されて検討した結果を総会にかけて事業を進めるという形態が見られるが、前述のように既成市街地の町内会においては民主的手続きも遅れ、一部の層が定常的業務を担っている状況ではそのような体制も組めない。そこで太子堂二・三丁目まちづくり協議会は公募による、誰もが参加できる組織として発足した。その結果が、新住民層がリードするまちづくり協議会と地主層がリードする町内会との対立となってしまった。

しばらくそのような対立が続いたあとに、ワンルームマンション開発問題、道路拡幅問題の沿道会議や広場づくりといった実践の舞台（アリーナ）の中で調整が図られ、そして両者の構成員でもあるメンバー（プレーヤー）の出現などによって、町内会とまちづくり協議会は一部重なりながらのキャパシティを広げて問題解決能力を高めていった過程を示した。

マッキーヴァー（R. M. MacIver）は次のように言う。「社会の発展は『コミュニティからアソシエーション』ではない。市民生活の多様化によって増大する人々の分化は、人々の『社会からの一層の自立』を意味するどころか、アソシエーションがますます増大し、十分それぞれの分担を果たすことこそがコミュニティの発展のしるしであると考えられた」(注13)。これを越智（一九九〇）は、「町内会と交差するボランタリー・アソシエーション」と表現した(注14)。このように町内会・自治会が他の専門的な課題に特化してその問題に取り組むボランタリー・アソシエーションと連携、ネットワークを組む。それが地域ガバナンスの在り方として描くことができる。

それは、この世田谷区のような伝統的な町内会に限らず、新興住宅地の自治会にもいうことができよう。握千九答氏の「広がる共助でまちづくり」の項も、そういう課題と連携の広がりを物語っている。そのための活動の予算が自治会予算の二五パーセントを占めているというから、その大きさがわかる。そして握千九答氏は言う。「自治会の会長は交差点の真ん中で、交通整理をしているようなもの」と。まさに町内会・自治会と交差するボランタリー・アソシエーションだといえるさまざまな専門的機関やＮＰＯは多く、それを機械的に交通整理するだけではなく、実効性をねらい、意図を持って交通整理をするかで効果は異なってくるであろう。そういった調整の役割が、地域ガバナンスに重要となっていることを物語る。

【注】

（９）Patsy Healey. *Collaborative Planning: Shaping Places in Fragmented Societies*, Lodon MacMillan, 1997, pp.126

（10）Giuseppe Dematteis and Francesca Governa. *Urban Form and Governance: The New Multi-centred Urban Patterns*, "*Change and Stability in Urban Europe: form, quality and governance*" (edited by Harri Anderson, Gertrud Jorgensen, Dominique Joye, Wim Ostendorf), Ashgate, 2001, pp.41

（11）M・ウェーバー著（富永祐治・立野保男訳）『社会科学と社会政策にかかわる認識の「客観性」』（１９０４）、岩波文庫、１９９８

（12）木下勇著「地域のガバナンスと都市計画～町内会とまちづくり協議会をめぐって」（高見沢実編著『都市計画の理論―系譜と課題』）学芸出版社、２００７、pp.220-243

（13）R・M・マッキーヴァー著（中久朗・松本通晴訳）『コミュニティ―社会学的研究：社会生活の性質と基本法則に関する一試論』(Community, 1917, 3rd ed 1924)、ミネルヴァ書房、１９７５

（14）越智昇著「ヴォランタリー・アソシエーションと町内会の文化変容」（倉沢進・秋元律朗編著『町内会と地域集団』）、ミネルヴァ書房、１９９０

7 コミュニケーションとしての地域ガバナンス

ところで、地域ガバナンスの最大の課題は、圧倒的多数の無関心層である。握千九答氏の悩みも根源はそこにある。

豊かさの時代、高度の情報社会、消費社会は記号の力によって個人を個人の世界に押し留め、そして周囲への目や関心を削いでいく、と前に述べた。ウェーバーが問題視した社会の官僚制化は、グローバル経済の今日、貨幣・官僚制の複合体としてわれわれの生活の背後に大きな力として君臨している。今やこの力は一国の政治、経済をも支配するかのような勢いである。これこそ前述のように〈鵺〉よりも巨大な怪物である。〈鵺〉などはまだかわいいものである。

このような世の中の流れに抵抗する人々や組織も生まれ、そしてそれを理論付ける思想家もいる。ハバーマス（J. Habermas）もその一人である。ハバーマスは「貨幣・官僚制の複合体」の支配下にある現代社会を救う概念装置として対話的行為を提唱している。ハバーマスは、ドイツのさかんな市民活動なども「成果志向的な目的合理的行為」においてではなくて、「諒解達成志向的な対話行為」として説明する(注15)。平たく言えば、市民活動は行政の手の届かない問題に焦点を当てて、その解決に向けて動き出す。「この問題に関心ある人、この指止まれ！」と呼びかけるかのごとく、イニシアチブが発揮される。そういう問題意識の共有や「わかってくれる」という喜びによって運動が広がる。そのプロセスにこそ意味があり、活動のエネルギーとなっている。そのうねりは大きな運動体に発展して、政治をも変える動きとなる。緑の党などはまさにそういう動きである。また最近の脱原発の動きも。

まちづくりに関して俯瞰すれば、フライブルグのソーシャル・エコロジー住宅「ヴォーバン（Vauban）」などはその典型ともいえる。フランス軍の駐留跡地、三八ヘクタールの開発プランの応募に、にわかに組織された環境系の運動家らのＮＰＯの提案が採用されて、コーポラティブ住宅も「この指止まれ式」に居住者のワークショップで開発されていった。車を持たない、環境にやさしい、子どもにやさしいなどのコンセプトによって、二〇〇六年に実現された住宅地はまさに子育てにも適した未来型の持続可能な住宅地であり、そのマネジメントもＮＰＯと各種の団体の連携によっている（図２）。

このようにコミュニケーションの過程が重要といっても、実際はそう簡単ではない。特定非

図２.ソーシャル・エコロジー住宅（ヴォーバン）：
同住宅も参加型でつくられていて、ヒアリングによると、
子どもを産んで育てたくなる環境で、一家に３人は子どもがいるという。

営利活動促進法が制定された一九九八（平成一〇）年からだいぶ経過してＮＰＯも数多く生まれてきたが、行政とＮＰＯの連携もうまくいく事例ばかりではないし、ＮＰＯと町内会・自治会の連携もそううまくいかない。またＮＰＯ同士の連携もしかりである。

これは実際に起こったことであるが、千葉県内のある市内で児童虐待で子どもが死亡する事件があった。事件が起こる前に、虐待の問題に取り組む専門のＮＰＯは児童相談所に「私たちはそういう問題に取り組む専門的技術を有している」とその家庭に対してア

プローチする用意があることを申し出たが、児童相談所からは断られていた。「私たちは行政と問題を共有したいと言っているが、行政や町内会の役員は私たちと、その入口のところでもいっしょにテーブルに着いてくれない」と口惜しさを述べていた。まさに官僚制なるものが障害となって地域ガバナンスのセーフティネットが形成されないのである。この種の課題は地域の現場に数多く存在する。

その問題共有は、何気ない日常の自治会活動の会話にあることとは、握千九答氏の日記のような文章の随所にみられる。防災広場といったダイナミックな動きの話にも、また背後に高齢化社会と家族の問題を想起させる空き家での草取りをしている老婦人との話などにも。この握千九答氏の話は、ドラマ的なコミュニケーション行為が散りばめられている。ハバーマスのコミュニケーション行為の類型には、ルールに基づく規範規制的行為と言葉による対話的行為とこのように顔の表情などを読み取るドラマトゥルギー的行為がある。高度情報社会の今日、スマートフォンなど情報端末でのコミュニケーションに目が行きがちであるが、地域ガバナンスには顔の表情やしぐさを見ながらのドラマ的なコミュニケーションが欠かせない。

【注】

（15）ハバーマス著（河上倫逸・藤沢賢一郎・丸山高志ほか訳）『コミュニケーション的行為の理論（上・中・下）』（１９８１）、未来社、１９８５～１９８７

8 まちづくりからまち育てへ

ハバーマスのコミュニケーション理論にピタリと偶然にも当てはまったのが、ロバータ・グラッツ（R. B. Gratz）が提起した「アーバン・ハズバンドリー」（Urban Husbandry）の概念である（注16）。筆者は延藤安広氏が提唱する「まち育て」（注17）がこのアーバン・ハズバンドリーの訳として適しているのではないかと、延藤氏の代理を務めた講演会で使い始めた。

ちなみに、アーバン・ハズバンドリーの「ハズバンドリー」は「ハズバンド」と同じ語源である。家畜飼育法という農業を指し、それから派生して家計のやりくり、倹約・節約という意味になった。亭主を指す「ハズバンド」も、家畜飼育のように倹約・節約して長く使うという語源の意味があるのかと不思議に思うが、末永く大事にするという意味が込められているのであろう。そのように地域の資源を大事にしながらの持続可能なまちづくり、いわば「まち育て」にピタリと一致する言葉である。

Habermassのコミュニケーション理論の行為類型

成果志向的行為（erfolgsorientiert）	諒解達成志向的行為（verstaendigungsorientiert）
1）目的論的行為 （teleorogisches Handeln） 行為者－客観的世界 ● 手段的（instrumental）行為 ● 戦略的（strategisch）行為	2）規範規制的行為 （normenreguliertes Handeln） 行為者－客観的世界、 社会的世界 3）ドラマトゥルギー的行為 （dramaturgisches Handeln） 行為者－主観的世界 4）対話的行為 （komunikatives Handeln） 討議（ディスクール） 行為者－客観的世界、 社会的世界、主観的世界

まち育て（Urban Husbandry）とは

従来型… **プロジェクトプランニング**	これから… **まち育て**（Urban Husbandry）
● 空地はプロジェクトで埋める ● 問題解決よりプロジェクト自体が目的化 ● ビッグプロジェクト ● 大手ディベロッパー・建設会社 ● 大公共事業 ● 大資本 ○ プロジェクトプランナー	● 空地は自然や市民活動のプロセスで再生 ● 問題解決に向けたプログラム ● 経験の蓄積、コミュニティ・ウィズダム ● 市民の専門家、NPO ● 市民自身による公共 ● 独創的な事業家（entrepreneurs） ○ アーバン・ハズバンダー（まち育て家）

図3．ハバーマスのコミュニケーション理論とまち育て

図3は、ハバーマスの理論とそれを対置して並べたものである。グラッツはジェイン・ジェイコブズ（Jane. B. Jacobs）の後継者のような人である。アメリカのデベロッパーや都市計画の専門家の開発が失敗し、荒廃した地域の再生にＮＰＯなどが活躍している事例を集めて、その種の活動をアーバン・ハズバンドリーと呼び、問題解決よりもプロジェクト自体が目的で、デベロッパーや建設会社の利益のためである従来の失敗した開発をプロジェクトプランニングと批判し、それに対する概念として、市民による問題解決やコミュニティウィズダムの活用、コミュニティビジネスの展開など市民活動による地域の再生をアーバン・ハズバンドリーとした。この構図はまさにハバーマスのコミュニケーション行為の成果志向的行為ＶＳ諒解達成志向的行為に当てはまる。

「まちづくり」という言葉は、もとは名古屋の栄地区での住宅改善、再開発運動として市民主導で始った運動を示していたが、今や行政の事業にも当てはめて、区画整理や市街地再開発などの都市計画事業まで使われるようになっている。

行政の都市計画事業は事業の終わりがある。しかし、町内会・自治会のまちづくりはエンドレスである。そしてハードのみならずソフトのプログラム、さらには人づくりも重要なプロセス重視の営為である。そこで育つ子どもたちが将来、地域を担う人材として、地域に愛着を持って、活躍していくことをねらうような長期的であり持続可能な営為である。そういう意味で「まち育て」という言葉が町内会・自治会の地域ガバナンスにふさわしい。

最近、ソーシャルキャピタル（Social capital＝社会関係資本）という言葉をよく耳にする。三・一一後の「絆」と同じように受け止められ、地域社会の人間関係が避難や復興の過程で資本として力を発揮するというような捉え方である。もともとこの言葉は一九世紀頃からあり、ジョン・デューイ（J. Dewey）の「学校と社会」で使われ（注18）、学校と地域の関係が子どもたちの学びの力を発揮するということに使われ、ジェイン・ジェイコブズも子どもたちが公園より安全に遊び、社会を学ぶ舞台となる人間関係密な街路や人のネットワークに対して使われた（注19）。そういう意味では子どもたちも含めて「まち育て」を展開することは、ソーシャルキャピタルを蓄積していく地域ガバナンスとなる。

もともと町内会・自治会などには子ども会があり、また祭礼に昔の元服にあたる中高校生位から参加し、そのあとには地域消防団や青年団など、年齢の成長に伴いながらの人材育成の仕組みがあった。しかしながら今日においては、子ども会も参加率が低くなったり消滅しているところも少なくない。地域のもっていた教育機能は学校に吸い上げられ、子どもと地域の関係も希薄になっている。握千九答氏がもう少し会長を続けたならば、その方面に活動が展開したかもしれないが、少子高齢化の問題を長期的に考えたときには、もっと子どもとの関係を再構築することが求められる。

さて、ソーシャルキャピタルの今日の流行は、ブルデュー(P. Bourdieu)が人間の持つ資本を文化資本、経済資本、そして社会関係資本と類型化したことから議論が進み(注20)、ロバート・パットナム(Robert D. Putnam)が『哲学する民主主義』(注21)(一九九三)において、イタリアの北部と南部のガバナンスの効果の違いが表れるのはソーシャルキャピタルの違いによると示してから、さかんにこの言葉が使われるようになった。また、パットナムがボウリング場の衰退がコミュニティの衰退と相関していることを示した『孤独なボウリング』(注22)も話題となったが、副題の「米国コミュニティの崩壊と再生」というタイトルからもグラッツのアーバン・ハズバンドリーと重なる。

しかし、ソーシャルキャピタルという言葉を使えば問題が解決するかというように見たら大きな幻想であろう。資本は投資しなければ効果を生み出さない。握千九答氏が「交通整理」と表現をしたが、そのように戦略の上で、人と人、組織と組織をつなぐ経路を整理していく、そんな調整のガバナンスが重要というのは前述した通りである。

人と人とが、直に、地域社会の中でより強くつながっていた昔のほうが、ソーシャルキャピタルは豊かであったであろう。さすれば、いかに壊れた関係をふたたび紡いでいくかという、日常の営為がなければ、ソーシャルキャピタルを蓄積していくことはできない。握千九答氏のように、自治会長を経験すれば、そのことが痛いほど身にしみてくるということがよくわかる。「まち育て」はソーシャルキャピタルを蓄積していく営為であり、より多くの人がその渦の中に巻き込まれていくことが望まれる。

【注】

(16) Roberta Brandes Gratz and Norman Mintz, *Cities Back from the Edge: New Life for Downtown*, Wiley, 2000
(17) 延藤安弘著『「まち育て」を育む～対話と協働のデザイン』学芸出版社、２０１０
(18) ジョン・デューイ著（宮原誠一訳）『学校と社会』（１８９９）、岩波書店、１９５７
(19) ジェイン・ジェイコブズ著（黒川紀章訳）『アメリカ大都市の死と生』（１９６１）、鹿島出版会、１９７７
(20) ピエール・ブルデュー著（石井洋二郎訳）『ディスタンクシオン―社会的判断力批判（１・２）』藤原書店、１９９０
(21) ロバート・パットナム著（河田淳一訳）『哲学する民主主義―伝統と改革の市民的構造』（１９９３）、ＮＴＴ出版、２００１
(22) ロバート・パットナム著（柴内康文訳）『孤独なボウリング―米国コミュニティの崩壊と再生』（２０００）、柏書房、２００６

参考文献

Ⅰ　丘の上自治会物語

○佐藤文明著『あなたの「町内会」総点検―地域のトラブル対処法（プロブレムＱ＆Ａ）』（三訂増補版）緑風出版、２０１０年
○佐藤良子著『命を守る東京都立川市の自治会』廣済堂新書、２０１２年
○若林幹夫著『郊外の社会学―現代を生きる形』ちくま新書、２００７年
○片田敏孝行著『子どもたちに「生き抜く力」を―釜石の事例に学ぶ津波教育』フレーベル館、２０１２年
○恩田守雄著『共助の地域づくり―「公共社会学」の視点』学文社、２００８年
○篠原修・内藤廣・川添善行・崎谷浩一郎編『このまちに生きる・成功するまちづくりと地域再生力（ＧＳ群団底力編）』彰国社、２０１３年
○恩田守雄著『互助社会論―ユイ、モヤイ、テツダイの民俗社会学』世界思想社、２００６年
○中川幾郎編著『コミュニティ再生のための　地域自治のしくみと実践』学芸出版、２００３年
○名和田是彦著『コミュニティの自治―自治体内分権と協働の国際比較』日本経済新聞社、２００９
○山田良治著『私的空間と公共性―『資本論』から現代をみる』日本経済評論社、２０１０年

○日本建築学会・意味のデザイン小委員会著『対話による建築・まち育て―参加の意味とデザイン』学芸出版社、２００３年
○中田 実、山崎丈夫、小木曽洋司、小池田忠著『町内会のすべてが解る！「疑問」「難問」１００問１００答―防犯・防災から快適なまちづくりまで』じゃこめてい出版、２００８年
○山田良治著『土地・持家コンプレックス―日本とイギリスの住宅問題』日本経済評論社、１９９６年
○佐藤滋編著『まちづくり市民事業―新しい公共による地域再生』学芸出版社、２０１１年
○矢部 武著『ひとりで死んでも孤独じゃない―「自立死」先進国アメリカ』新潮新書、２０１２年
○星旦二著『ピンピンコロリの法則―おでかけ好きは長寿の秘訣』ワニブックスプラス、２０１０年
○社団法人日本住宅協会『国立社会保障・人口問題研究所統計』VOL62「特集・自治体による空き家対策」、２０１３年
○総務省『平成20年住宅・土地調査統計』、２００８年
○国土交通省『空家実態調査』、２０１０年

Ⅱ　地域ガバナンスと町内会・自治会

本文内注釈参照

あとがき

日頃からお付き合いしているまちづくりの専門家に、「急ぎすぎたら何事も成就しない」と、ご忠告をいただきました。またある本には、「まちを変えようと思ったら最低七年は必要だ」と書かれてもいました。まして自治会や町内会のように、毎年プレーヤーが変わる地域コミュニティの活動を介して、「地域づくり」「まちづくり」をしようと思えば、土地を耕し、種を捲き、水やり、草取りと際限なく続く農作業と同じで、じっくりと時間をかけて進めるのが常識ということでしょう。握千九答氏のように、「一年を奮闘などと呼ぶのはおこがましい、ただの火付け役じゃないの」と揶揄《やゆ》されても仕方がないかもしれません。

かといって、自治会の役員任期が少しばかり長くなったとしても、死ぬまで続けることができないのが、地域コミュニティ活動でもあります。いずれ人は変わる――。握千九答氏の奮闘の舞台である「丘の上自治会」にしても創立以来、すでに五〇年、この間に多くの役員が関わってきたはずです。そこで、握千九答氏が最後に気付いたように、「変わらないものとは何か」を見つけ、時間を超えて共有していく活動にこそ、地域コミュニティ活動の真髄がある、ということではないしょうか。「人は変われど、仰ぐは同じき理想の光」。これはどこかの大学の校歌の一節ですが、まさしくこの校歌に似て、時から時へ、人から人へと、連歌のように受け継ぎながら紡ぐ、そのことを示唆しているのだと思います。

ところで、住まいを取り巻く課題は、社会の状況を反映して多岐多様に渡っておりますが、当財団では、二〇一〇（平成二二）年以来、そうした中から年度に取り組む重点テーマを定め取り組んできました。住まいが地域と共にあった時代の、その密接な関係が失われつつある現状を憂慮して、二〇一二（平成二四）年度の重点テーマに掲げた「地域と住まいのリアルな関係」は、まさしく「住まいと地域の関係」を真正面から問うものでしたし、また、二〇一三（平成二五）年度の重点テーマ「既存市街地の再評価」に関連して立ち上げた委員会「住み続ける住まいとまちの条件」（委員長・高見澤邦雄首都大学東京名誉教授）のねらいは、「住まいや地域に住み続ける条件」を探り、将来を展望する試みでした。地域に安心して住み続けるためには、住まいが単にデザインがいいとか、堅固であればいいというだけではなく、地域コミュニティを中心に地域で行われているさまざまな活動との関係が無視できない条件だと思われるからです。

「住総研レポート２０１３・すまいろん―特集・地域と住まいのリアルな関係」の冒頭に、「あなたは猫、それとも犬？」と題して以下のように問いました。「あなたの本籍地はどこ？ 生まれた地域にすでに親はなく、就職後各地を転々と移り住む企業遊牧民。そして退職間際になって慌てて求めた住まいに地域との密接な関係があるだろうか。『ずーっとここに住んでいる猫？ それとも人の気配を感じながら暮らす犬？』。いつもテンポラリーで断片的な地域との関わりに、そろそろ終止符を打たねばなるまいと、過疎化が進む地域、東日本大震災被災地、いや、あなたが今住む地域ですら問いかけてくる」と……。少子高齢化が続く限り、しばらくは猫にあやかって、「地域に住み続ける」習慣を身に付ける必要があるかもしれません。

しかし、そう簡単に解けるような問題でないことが実状でしょう。握千九答氏が最後に自らペンネームの由来を語っていますが、千に上るものを掴んでも、答えが出せたものはせいぜい九つに過ぎない、その答えにも窮したということも頷けます。今や「住まいや地域を巡る状況はめまぐるしく変化し、前例がない時代」に向けて突き進んでいる。だからこそ、「考えるより行動、行動すれば見えてくるものがある」と、まちなかの活動家に言わせた真意があるのでしょうか。

この本は地域コミュニティ活動のノウハウをお伝えすることが目的ではありません。あくまで地域の実状に照らして考えていただく「考えるための本」を目的にしたものです。握千九答氏の奮闘に加え、木下勇教授からのコメントを参考に、課題の本質を読み解いていただければ幸いです。

人は結構怠け者ですから、やらなくて済むものなら、台風が過ぎ去るのを静かに待つ。しかし、東日本大震災の被災地のみならず、今の地域は待ったなしの状況です。それは多くの地域コミュニティの活動や研究者から寄せられる実状です。「時間があったら、やらないでしょうね」「反対する者はいつでもいる。気にすることもない」……。こうした外野からの声にもめげず、近い将来、勇気と情熱を持って地域活動に取り組む、第二、第三の握千九答氏が現れることを大いに期待したいものです。

末筆になりますが、この度の発刊に際し、握千九答氏には最後までたいへんご苦労をおかけいたしました。その様子はまさしく「悪戦苦闘」の連続でした。また短い時間にもかかわらず適切な論考をお寄せいただいた木下教授、貴重な助言をいただいた萌文社の青木沙織さんに心から感謝いたします。

二〇一三（平成二五）年一〇月一五日
編者　一般財団法人 住総研　専務理事　岡本 宏

一般財団法人 住総研

当財団は、故清水康雄（当時清水建設社長）の発起により、一九四八（昭和は二三）年に東京都の認可を受け、「財団法人新住宅普及会」として設立されました。設立当時の、著しい住宅不足が重大な社会問題となっていたことを憂慮し、当時の寄附行為の目的には、「住宅建設の総合的研究及びその成果の実践により窮迫せる現下の住宅問題の解決に資する」と定めております。その後、住宅数が所帯数数を上回り始めた一九七二（昭和四七）年には研究活動に軸足を置き、その活動が本格化した一九八八（昭和六三）年に「財団法人住宅総合研究財団」と名称を変更。さらに、二〇一一（平成二三）年七月一日には、公益法人改革のもとで、「一般財団法人住総研」として新たに内閣府より移行が認可され、現在に至っております。一貫して「住まいに関わる研究並びに実践を通して得た成果を広く社会に公開普及することで住生活の向上に資する」ことを目的に活動をしております。

http://www.jusoken.or.jp/

住総研住まい読本

新米自治会長奮闘記——こんなところに共助の火種

二〇一三年一一月五日　初版発行

編著　住総研

発行所
萌文社
発行者
谷安正
〒102-0071
東京都千代田区富士見1-2-32
ルーテルセンタービル202
TEL　03-3221-9008
FAX　03-3221-1038
メール　info@hobunsya.com
URL　http://www.hobunsya.com/
郵便振替　00910-9-90471

ISBN 978-4-89491-261-8

好評発売中

住みつなぎのススメ

——高齢社会をともに住む・地域に住む

住総研高齢期居住委員会［編］

ＩＳＢＮ９７８-４-８９４９１-２４１-０
Ａ５版・並製、１５２頁、定価（本体＋一、五〇〇円＋税）

高齢社会における住まいのあり方が問われている。本書は、高齢期を迎える方が、これからの日々を過ごす住まいについて検討できるよう作られた事例集。高齢者の住まいが、まちに再び「人のつながり」を育み、ともに地域に住み続けるために「住まいとまちと人」をつなぐ１２の実践事例をとおして「住みつなぐ住み方」解説する。

掲載事例＊よっとーくりゃす、クニハウス&ハルハウス、野田の家、よってきない、リブロニワース、地域共生のいえ、百年草、優しい時間、川路さんち、テンミリオンハウス、風の丘、鞆、当別田園住宅、コミュニティーハウス法隆寺、きのかの家、グレースの家、ぽちぽち長屋、サンシティ